NORWEGEN

ERLEBNIS ERDE

Die Hurtigrute auf der maritimen »Reichsstraße 1« längs der Küste zählt zu den schönsten Seereisen der Erde. Hier steuert das Hurtigruten-Schiff MS »Polarlys« den Lofoten-Archipel an.

NORWEGEN

Der gigantische Briksdalsbreen zählt zu den bekanntesten Ausläufern des Gletschers Jostedalsbreen. Besucher können zu Fuß ganz nah an die beeindruckende Gletscherzunge herankommen.

ZU DIESEM BUCH

Norwegens Nationalhymne beginnt mit einer Liebeserklärung an dieses schöne und so vielfältige Land mit seinen traumhaften Fjorden und Inseln, den grünen Almtälern, spektakulären Gletschern und den höchsten Gipfeln Nordeuropas: »Ja, vi elsker dette landet, som det stiger frem, furet, værbitt over vannet med de tusen hjem ...« – »Ja, wir lieben dieses Land, wie es aufsteigt aus dem Wasser, zerfurcht, gegerbt vom Wetter, mit seinen tausend Heimen ...«

Der landschaftlichen Vielfalt des kleinen Königreichs unter der Mitternachtssonne entspricht eine ebenso reiche Kultur. Das Osebergschiff aus Wikingerzeiten, einzigartige Stabkirchen und die größte gotische Kathedrale des Nordens in Trondheim haben die Menschen in diesem Land ebenso geschaffen wie eine der ältesten demokratischen Verfassungen Europas, ein vom Volk gewähltes Königshaus als oberste Repräsentanz und eine Kultur des Friedens und der Diplomatie – seit der Proklamation der bis heute gültigen Verfassung im Jahr 1814 führte das Land nie Krieg, und in seiner Hauptstadt Oslo wird alljährlich der Friedensnobelpreis vergeben.

Rund 4,6 Millionen Einwohner hat Norwegen, das Forscher wie Roald Amundsen ebenso hervorbrachte wie den Friedensnobelpreisträger Fridtjof Nansen, den Bühnengiganten Henrik Ibsen, die Literaturnobelpreisträgerin Sigrid Undset, tollkühne Abenteurer wie Thor Heyerdahl, Musiker wie Edvard Grieg.

Eine enorme, leistungsorientierte Dynamik in den Bereichen Bildung, Wirtschaft, Technologie und sozialer Ausgleich machte Norwegen im 20. Jahrhundert zu einem der reichsten Länder der westlichen Welt und zu einer führenden Wissens- und Industrienation. Die natürlichen Grundlagen wurden dabei nie vergessen: Die Schönheit des Landes steht mittlerweile in 25 Nationalparks auf dem Festland und sieben Nationalparks auf Spitzbergen unter Schutz.

Die atemberaubende Vielfalt Norwegens zeigen wir Ihnen zuerst in geografisch gegliederten Bildkapiteln. Der Atlasteil ermöglicht es Ihnen, sich über die Lage der Orte und Sehenswürdigkeiten zu orientieren, die Anfahrtswege zu überblicken und mithilfe der Piktogramme auf neue Erkundungsreisen zu gehen. Das abschließende Register, das Bildband- und Atlasseiten miteinander verknüpft, möge Ihnen helfen, Norwegen in seiner ganzen Schönheit zu entdecken.

Wasser, Himmel, Wald – diese Einheit prägt wesentlich das Landschaftserleben in Norwegen. Die Schären von Lyngør im Sørlandet sind viel besuchte Sommerferieninseln mit südländischem Flair.

Die wildromantische Schönheit Norwegens reicht von den als UNESCO-Welterbe geschützten Fjorden und den höchsten Gipfeln Nordeuropas im Vestlandet bis zu den sonnigen Schären der Skagerrakküste im Sørlandet, von den seenreichen Hochflächen und Urwäldern im Østlandet bis zu den Rentierparadiesen in Trøndelag, von den bizarren Inselwelten der Nordlandküste bis zu den Lyngsalpen in Troms und zum Nordkap.

INHALTSVERZEICHNIS

Das Zentrum der auf mehreren Inseln erbauten, für ihre Jugendstil-architektur berühmten Hafenstadt Ålesund am Ausgang des Storfjords wurde nach einer Brandkatastrophe (1904) neu errichtet.

Der vergletscherte Fannaråken (2068 Meter) erhebt sich zwischen den Gipfeln von Jotunheimen und Hurrungane auf dem Dach Nordeuropas. Ab September und bis weit in den Juli hinein liegt hier Schnee.

VESTLANDET

Im westnorwegischen Landesteil Vestlandet – Norwegens Reiseziel Nummer eins – finden sich die längsten und spektakulärsten Fjorde, die größten Gletscher Festlandeuropas und zahlreiche Nationalparks. Hier entdeckt man zudem die meisten Stabkirchen, quirlige Hafenstädte an den Küsten und vier Welterbestätten unter dem Patronat der UNESCO: die Stabkirche von Urnes am Lustrafjord und das Hanseviertel Bryggen in der Kulturmetropole Bergen sowie den Geiranger- und den Nærøyfjord.

Die denkmalgeschützte Altstadt Gamle Stavanger ist mit mehr als 150 Holzhäusern des 18./19. Jahrhunderts eines der größten geschlossenen Holzhausviertel der Welt. Am See Breiavatnet erhebt sich der romanische Dom (oben Mitte). Unten links: am Hafen. Ganz unten: Skulptur am Hafrsfjord.

Stavanger

Stavanger am Boknafjord ist die Hauptstadt der Provinz Rogaland. Um das Jahr 872 einigte König Harald Hårfagre hier die norwegischen Teilreiche – monumentale Wikingerschwertskulpturen am Hafrsfjord erinnern daran. Der romanische Dom (Baubeginn 1125) gilt als der am besten erhaltene steinerne Sakralbau Norwegens aus dem Mittelalter. Das Norwegische Konservenmuseum (Norsk Hermetikkmuseum) dokumentiert im Gebäude einer ehe-

maligen Konservenfabrik den Wirtschaftszweig, der ab den 1840er-Jahren das Leben in der Stadt prägte: Mitte des 20. Jahrhunderts gab es in Stavanger 50 Sardinenkonservenfabriken, 2002 schloss die letzte ihre Pforten. Während der rasanten Entwicklung zum Zentrum der Erdöl- und Erdgasindustrie (seit 1971) pflegte Stavanger auch seine Ursprünge: Die liebevoll restaurierte Holzhaus-Altstadt Gamle Stavanger steht unter Denkmalschutz.

Die Erforschung von Offshore-Techniken und die Produktion entsprechender Geräte (oben) spielt in Stavanger eine zentrale Rolle. Da sich der Meeresboden im Ekofisk-Feld infolge des Druckabfalls um sieben Meter senkte, wurde bei der Konstruktion neuer Plattformen (unten) eine Grundabsenkung von 20 Metern einkalkuliert.

SCHWARZES GOLD: NORWEGENS OFFSHORE-REICHTUM

Die Hafenstadt Stavanger ist die Erdöl- und Erdgaskapitale Norwegens. Der staatliche Ölkonzern Statoil und internationale Ölfirmen haben hier ihren Sitz, der nah gelegene Flughafen von Sola ist die Drehscheibe für den Verkehr zu den Ölbohrinseln vor der Küste. Mit der Eröffnung des Ekofisk-Felds rund 300 Kilometer vor der Küste begann

1971 die Offshore-Erdölförderung im norwegischen Nordseesockel, ab 1977 ergänzt durch die Erdgasförderung. Förderung, Produktion, Transport und Vermarktung von Öl und Naturgas wurden Norwegens bedeutendster Wirtschaftszweig und prägten insbesondere die Entwicklung und das Stadtbild von Stavanger. Das Ekofisk-Feld ist mit

29 Offshore-Installationen das größte Industriegebiet der Nordsee und ein Knotenpunkt für Rohrleitungen zum europäischen Kontinent. Von den ursprünglich vorhandenen 524,1 Millionen Tonnen Öl waren Anfang 2005 440 Millionen Tonnen gefördert; die Förderkonzessionen laufen bis 2028. Stavanger spielt auch in der Forschung eine

bedeutende Rolle, da die Erdöl- und -gasförderung nicht unproblematisch ist: 1977 kam es zu einem neuntägigen »Blow-out« eines Öl-Gas-Gemischs, das einige Wochen später eine Meeresfläche von 55 000 Quadratkilometern bedeckte, 1980 kenterte die Versorgungsinsel »Alexander Kjelland« im Orkan – 123 Menschen starben.

Von der 25 x 25 Meter großen, fast 600 Meter hohen und an drei Seiten senkrecht abfallenden Felskanzel Prekestolen fällt der Blick über den Lysefjord auf die Bergwelt der Ryfylkeheiene, die am Kjerag (rechte Seite: mit Klemmblock) in 1000-Meter-Wänden zum Fjord abstürzen.

Lysefjord

Östlich von Stavanger durchschneidet der Lysefjord rund 40 Kilometer lang die Bergwelt der Ryfylkeheiene. Ob Klemmblock am Kjerag oder Felswände am Prekestolen – Nervenkitzel ist garantiert: Der Zugang zum Prekestolen (»Predigtstuhl«) erfolgt auf einem recht schmalen, ungesicherten Felsband, auch die Felskanzel selbst weist keine Geländersicherungen auf. Wer dagegen lieber alles ganz ruhig von unten bestaunt, der gleitet mit dem Schiff durch den Lysefjord: Von Forsand am Ausgang des Fjords fährt die Autofähre nach Lysebotn am Fjordende; dort beginnt eine der spektakulärsten Serpentinenstraßen Norwegens. Das Informationszentrum »Lysefjordsenteret« bei Oanes an der Reichsstraßenbrücke über dem Ausgang des Fjords vermittelt Wissenswertes über den sagenumwobenen Fjord und seine Bergwelt und gibt Auskunft zu Wander- und Klettermöglichkeiten.

Der Wasserfall Låtefossen stürzt bei Odda 165 Meter tief durch die Südwestausläufer der Hardangervidda. Die legendäre Reichsstraße 13 (rechte Seite unten) überquert den unteren Teil des Wasserfalls auf einer Rundbogenbrücke. Oben: Inselleben im Hardangerfjord.

Hardangerfjord

Der mehr als 150 Kilometer lange Hardangerfjord ist der König der Fjorde. Weit verzweigt in Nebenfjorde, erstreckt er sich von der Inselwelt im Südwesten bis an den Fuß der Hardangervidda, dem als Nationalpark ausgewiesenen größten Hochgebirgsplateau Nordeuropas. Die nordöstlichen Fjordarme umschließen die Halbinsel Folgefonna, deren vergletscherte Hochgebirgswelt ebenfalls als Nationalpark unter Schutz steht. Gipfel, Skigebiete und Gletscher auf den Höhen, Kirschblüten und sonnenverwöhnte Rivieren in den Tieflagen: Hardanger ist eine der malerischsten, abwechslungsreichsten Landschaften Norwegens und darüber hinaus eine Region, in der man der aktiven Pflege einer über Jahrhunderte hinweg gewachsenen Kultur einen zentralen Platz einräumt. Das gilt zum Beispiel im Trachtenwesen (Hardangerstickerei) oder in der Musik (Hardangerfiedel, Tänze).

Auf der Suche nach der verlorenen Zeit: Der in den 1890er-Jahren angelegte »Keiservegen« (»Kaiserweg«, oben rechts) ermöglicht einen der beeindruckendsten Aufstiege in die atemberaubend schöne, im Spiel des Lichts wie der Zeit sich stetig wandelnden Gletscherwelt der Folgefonna.

Folgefonna

Im Mai 2005 weihte Königin Sonja Norwegens fünfundzwanzigsten Nationalpark ein: Der drittgrößte Gletscher Skandinaviens und seine Umgebung stehen seither auf 545,2 Quadratkilometern als nationales Naturerbe unter Schutz. Der bis zu 34 Kilometer lange und bis zu 16 Kilometer breite Plateaugletscher liegt auf der Folgefonna-Halbinsel, die vom Sør- und weiteren Armen des Hardangerfjords umschlossen wird. Fjell, Gletscher und Meer, Kare und fruchtbare Täler mit artenreichen Laubwäldern, Bergbäche und Flüsse mit reichen Forellen- und Lachsbeständen prägen den Nationalpark. Für Autofahrer bildete die Folgefonna-Halbinsel ein Hindernis, das nur langwierig zu umfahren war. Im Jahr 2001 wurde der Folgefonna-Tunnel eröffnet: Auf 11500 Metern Länge durchquert er das 1662 Meter hohe Gebirgsmassiv zwischen Odda am Sørfjord und Gjerde am Maurangerfjord.

Der sagenumwobene Hårteigen (1690 Meter) im Westen der Hochebene ist die markanteste Berggestalt der Hardangervidda (oben). Rund um den Nationalpark wurden viele Almtäler in Stauseen umgewandelt. Großes Bild: Felsklippe Trolltunga über dem See Ringedalsvatnet.

Hardangervidda

Die Hardangervidda ist die größte Gebirgshochebene Nordeuropas, 3422 Quadratkilometer sind seit 1981 Nationalpark. Im Westen stürzt das Gelände in einer 1000 Meter hohen Steilstufe zum Sørfjord ab, nach Osten läuft es sanft in die Täler des Østlandet aus. Das moorreiche Gneis- und Granitplateau beherbergt den größten Bestand wilder Rentiere Europas und ist wegen des arktischen Klimas einer der südlichsten Lebensräume für Ark-

tisbewohner wie Schnee-Eule und Polarfuchs. Bis weit in den Sommer hinein halten sich Eis und Schnee, obwohl der höchste Berg, die restvergletscherte Sandfloeggi, nur eine Höhe von 1719 Metern erreicht. Aus allen Himmelsrichtungen führen Pfade zum Hårteigen, der eine grandiose Rundschau über die Vidda hinaus zum Gausta im Südwesten, zum Folgefonna-Gletscher im Westen sowie zum Gletscher Hardangerjøkulen im Nordosten gewährt.

Der Komponist Edvard Grieg (1843 bis 1907) ist Bergens berühmtester Sohn. 1885 siedelten er und seine Frau Nina auf das heute als Museum zugängliche Gut Troldhaugen bei Bergen über (oben). Unten: Abendstimmung am Hafen. Rechte Seite: am Marktplatz (Torget) in Bergen.

Bergen

Die Hafen- und Universitätsstadt Bergen am Byfjord ist neben Oslo das bedeutendste Wirtschafts- und Kulturzentrum Norwegens und mit rund 237 000 Einwohnern die zweitgrößte Stadt des Landes, der Marktplatz gehört zu den farbenprächtigsten und berühmtesten in ganz Skandinavien. Die von sieben Bergen überragte und fast allseits vom Meer umgebene Stadt war bis zur Eröffnung der Bergenbahn (1909) von London aus rascher erreichbar als von Oslo: Natürliche Landwege ins Binnenland gibt es keine, Bergens Reich über die Jahrhunderte hinweg war die See. Der rege Austausch mit Kulturen aller Völker hat zu einer Weltoffenheit geführt, die bis heute ein Markenzeichen Bergens ist. International bekannt wurde Bergen auch als Festspielstadt: Zehntausende Besucher aus aller Welt genießen alljährlich Ende Mai/Anfang Juni Veranstaltungen im Rahmen der »Festspillene i Bergen«.

Die Kogge (oben) war das Haupttransportmittel für die Waren der Hanse. Rekonstruktionen der Lastensegler im Hafen des Hanseviertels Bryggen gehören zur Welterbestätte. Die Holzhäuser der deutschen Kaufleute zum Be- und Entladen der Schiffe standen direkt am Hafenbecken (unten). Nach dem Brand von 1702 wurden die bunten Holzhäuser wieder errichtet.

Bryggeloftet & stuene

UNESCO-WELTKULTURERBE IN BERGEN: HANSEVIERTEL BRYGGEN

Das Hanseviertel Bryggen in Bergen — einst auch Tyskebryggen (»Deutsche Brücke«) genannt, weil es von deutschen Kaufleuten der Hanse genutzt wurde — gehört seit 1979 zum Weltkulturerbe der UNESCO. Die bunte Kulisse der Holzhäuser am alten Hafen hat man nach Brandkatastrophen rekonstruiert, in den schmalen Durchlässen zwischen den Kaufmannshäusern und Lagerhallen riecht es nach Teer und Holz, aus Luken kragen die Seilwinden, mit denen vor 500 Jahren »Bergerfisch« (Stockfisch), Tran, Felle, Bier, Wein, Salz, Schwerter, Panzer und Textilien verladen wurden. Im historischen Hafen liegen die Hansekoggen, mit denen die Waren in die Hansestädte Deutschlands, Englands, Flanderns und des Baltikums transportiert wurden. Der Kaufmannshof »Finnegård« beherbergt das »Hanseatisk Museum« (Hanseatisches Museum). Die Hanse war im 14./15. Jahrhundert die mächtigste Außenhandels-, Logistik- und Kolonisationsorganisation im Heiligen Römischen Reich. Sie entstand im 12. Jahrhundert als informelle Interessengemeinschaft städtischer Kaufleute mit dem Ziel, durch Kooperation wirtschaftliche Vorteile zu erlangen. Zudem sollte den Mitgliedern Schutz vor Piraten und Raubrittern gewährt werden. Um 1400 besaßen Hansekaufleute 300 Handelshäuser in Bergen. 1766 ging das letzte Kontor der Hanse in norwegischen Besitz über.

Von Bergen nach Kirkenes: Am lohnendsten ist die Hurtigruten-Reise in der Mittsommerzeit, wenn die Nacht zum Tag wird. Am preiswertesten sind die Tickets für die Winterreise, die durchaus ihre Vorteile hat: Am Himmel leuchten Polarlichter, an Bord gibt es kein Gedränge, und die Häfen schimmern alle im Lichterglanz.

HURTIGRUTE: DIE SCHÖNSTE SEEREISE DER WELT

Jeden Abend um 20.00 Uhr sticht ein Hurtigruten-Schiff in der Hansestadt Bergen in See und durchfährt den Hjeltefjord, durch den einst die Wikinger zu den Shetland-Inseln aufbrachen. Insgesamt zwölf Tage dauert die 2500 Seemeilen (4630 Kilometer) lange Fahrt von Bergen zum nordnorwegischen Kirkenes an der russischen Grenze und zurück. Der Golfstrom sorgt dafür, dass die norwegischen Häfen das ganze Jahr über eisfrei bleiben. Damit man nichts von den spektakulären Küstenlandschaften verpasst, unterscheiden sich Hin- und Rückfahrt wie Tag und Nacht: Die Häfen, die während der Nordfahrt im Dunkeln lagen, werden während der Südfahrt bei Tag angesteuert. Auch wenn noch einige der älteren Postschiffe im Einsatz sind, hat die 1893 als Fracht- und Postdienst gegründete Hurtigrute heute fast ausschließlich touristische Bedeutung. Unterschieden wird zwischen den Schiffen der »traditionellen Generation« aus den 1950er- und 1960er-Jahren, den komfortableren Schiffen der »mittleren Generation« von 1982/83 und den luxuriösen Schiffen der »neuen Generation«. 2006 waren bereits 14 Schiffe im Einsatz, und in einem Punkt sind sie alle gleich: auf keinem gibt es Animationen, Showprogramme, musikalische Dauerberieselung oder Diskotheken. Im Vordergrund steht das Erleben der Landschaft – eine der schönsten der Erde.

Mit 24,5 Kilometern gilt er als der längste Straßentunnel der Erde: Der Lærdaltunnel (oben links) ersetzt die Autofähren am Aurlandsfjord (unten), einem Arm des Sognefjords. Die Stabkirche von Borgund (um 1150) in Lærdal ist eine der schönsten Stabkirchen Norwegens (oben rechts).

Sognefjord

Der Sognefjord ist mit 204 Kilometern Europas längster Fjord und mit bis zu 1308 Metern der tiefste der Erde. Ziel der internationalen Kreuzfahrtschiffe, die diese tief in die Bergwelt eingeschnittene natürliche Wasserstraße befahren, und der Hurtigruten-Schiffe im Sommer ist der an einer Stelle nur 250 Meter schmale Seitenarm Nærøyfjord in Aurland; er wird flankiert von bis zu 1800 Meter hohen Felswänden und wurde 2005 wegen seiner land-schaftlichen Schönheit in die Liste des UNESCO-Weltna-turerbes aufgenommen. Die als UNESCO-Weltkulturerbe ausgewiesene Stabkirche von Urnes am inneren Ende des Sognefjords steht in unmittelbarer Nachbarschaft der höchsten Berge Skandinaviens. Die zwölfmastige Stabkirche von Borgund befindet sich am Fuß der impo-santen Bergkulisse in den Wiesen des Lærdal, dem vom Sognefjord Richtung Fillefjell führenden Tal.

Schon die wikingischen Gläubigen fuhren über den Lustrafjord zur Stabkirche auf der Landzunge Urnes (oben), um im Kirchen-»Schiff« (unten) zu beten. Nachreformatorische Umbauten beeinträchtigen zwar das ursprüngliche Bild, das reiche Schnitzdekor (rechte Seite) aber blieb erhalten.

Urnes

In Urnes steht die älteste erhaltene Stabkirche. Um 1130 wurde sie in einer grandiosen Naturszenerie auf einer noch heute relativ abgeschiedenen Landzunge am Lustrafjord errichtet, dem innersten Arm des Sognefjords. Seit 1979 steht sie als Weltkulturerbe unter dem Schutz der UNESCO. Bau und Anlage weisen eine Perfektion auf, die sich – da ausländische Vorbilder fehlen – nur durch die lange Tradition der einheimischen Holzarchitektur im Hof- und im Schiffsbau erklären lässt. Kunsthistorisch bedeutsam sind vor allem die Schnitzereien: Sie finden sich in Schiff und Chor an den Würfelkapitellen der »Stäbe« (Säulen oder »Masten«) sowie am Nordportal und der Nordwand. Diese Ornamentik wird als Urnesstil bezeichnet, sie findet sich auch auf Runensteinen und Silberschmuck im ganzen wikingischen Siedlungsgebiet in Skandinavien von Dänemark bis an die Grenzen Lapplands.

Seit 1991 stehen der Jostedalsbreen und seine Umgebung als Nationalpark unter Schutz (unten). Nationalparkzentrum und -museum ist das architektonisch einer Gletscherspalte nachempfundene Breheimsenteret, wo die geführten Gletscherwanderungen beginnen (oben).

Jostedalsbreen

Der Jostedalsbreen ist der größte Gletscher Festlandeuropas. Von den inneren Ausläufern des Sognefjords reicht der bis zu 15 Kilometer breite Plateaugletscher etwa 100 Kilometer nach Nordosten. An manchen Stellen ist das Eis bis zu 500 Meter dick. In der Mitte des Gletschers liegt Høgste Breakulen, eine 1957 Meter hohe Gletscherkuppel. Hier überzieht das Eis einen Berggipfel. Nur wenige Felsinseln durchbrechen die Eismassen, unter ihnen als höchster die Lodalskåpa (2083 Meter). Das 50 Kilometer lange Jostedalen, in dessen Seitentäler der Gletscher ostwärts zahlreiche Arme entsendet, ist durch die Reichsstraße 604 erschlossen. Der Brigsdalsbreen ist der bekannteste Gletscherarm auf der sonnigen Nordwestseite des Jostedalsbreen. Seit 200 Jahren hat sich der Gletscher kontinuierlich zurückgezogen, mittlerweile jedoch sind seine Arme wieder auf dem Vormarsch.

Der auf einem fünf Kilometer langen Mautweg auch im Auto erreichbare Panoramaberg Dalsnibba (1476 Meter) bietet einen schönen Blick auf die Bergwelt von Sunnmøre (unten), in die der Geirangerfjord (oben; rechts mit dem Wasserfall »Sieben Schwestern« über 1000 Meter tief einschneidet.

Geirangerfjord

Der Geirangerfjord steht als eine der schönsten Landschaften der Erde seit dem Jahr 2005 als Weltnaturerbe unter dem Schutz der UNESCO. Er ist der innerste Zweig des 120 Kilometer langen Storfjords, durch den alljährlich mehr als 150 Kreuzfahrtschiffe aus aller Welt fahren. Vom Schiff aus zu sehen sind unter anderem die drei berühmten Wasserfälle »Sieben Schwestern«, »Freier« und »Brautschleier«. Auch die Hurtigruten-Schiffe legen im Sommer in dem 250-Seelen-Dorf Geiranger am Ende des Fjords an. Die Passstraße »Ørneveien« (Adlerstraße) vom Geirangerfjord zu dem nördlich gelegenen Norddalsfjord ist mit ihren Serpentinen und Aussichtsstellen eine der atemberaubendsten Bergstraßen in ganz Skandinavien. Nur zu Fuß erreichbar ist der spektakulärste Aussichtspunkt, das Flydalshornet in 1112 Meter Höhe senkrecht über dem Fjord.

Das Bootsmuseum von Ålesund (oben Mitte) dokumentiert die maritime Geschichte der ab 1904 nach einem Brand in nur drei Jahren wieder aufgebauten Küstenstadt. Unten: Den besten Panoramablick bietet der über 418 Stufen vom Stadtpark aus zu erreichende Hausberg Aksla.

Ålesund

Ålesund in der Inselwelt am Ausgang des Storfjords ist der Hauptort der Region Sunnmøre und Norwegens größter Fischereihafen. Die geschlossene Jugendstilsilhouette in der ehemaligen Altstadt gilt für eine norwegische Stadt als einzigartig. Das Markenzeichen von Ålesund ist seit Jahrhunderten der Export von Klippfisch: Die Fischer salzten ihren Fang, meist dorschartige Fische wie Kabeljau, und trockneten ihn auf den Felsen an der Küste – daher der Name Klippfisch. Die vorgelagerten Inseln schützen Stadt und Hafen vor der offenen See. Die berühmteste Insel des Sørøyane-Archipels ist die Vogelschutzinsel Runde. In ihren bis zu 250 Meter hohen Felswänden brüten dicht gedrängt jedes Jahr 500 000 bis 700 000 Seevögel, darunter die mit 5000 Paaren größte Eissturmvogelkolonie Norwegens. Von Åndalsnes besteht direkter Schiffsverkehr nach Runde.

Blick in die Romsdalsalpen (oben) am Trollstigen, der berühmtesten Serpentinenstraße Skandinaviens (unten). Der »Steig der Trolle« verlässt in der Hafenstadt Åndalsnes (rechte Seite) auf Meereshöhe das Romsdalen und schraubt sich in Haarnadelkurven bis auf 870 Meter Höhe.

Romsdalen

Das Tal Romsdalen und die Romsdalsalpen bilden eine der spektakulärsten Küsten- und Gebirgslandschaften Norwegens. Der das Tal durchströmende Fluss Rauma entspringt im Dovrefjell und mündet in der Hafenstadt Åndalsnes in den weit verästelten Romsdalsfjord, in dem sich das Romsdalen als ertrunkenes Tal unter Wasser fortsetzt. Das restvergletscherte Hochgebirge beidseits des Tals erreicht Höhen von rund 1800 Meter, bekannte Landmarken sind die Gipfelgruppe Trolltindane, deren Zacken die Talsohle um mehr als 1700 Meter überragen, und die 1000 Meter hohe Felswand Trollveggen. Verkehrsmäßig erschlossen ist das Tal durch die Europastraße 136 und eine der landschaftlich schönsten Eisenbahnlinien des Königreichs: Die 114 Kilometer lange Fahrt der Raumbanen führt von Dombås nach Åndalsnes in eine atemberaubend schöne Bergwelt.

Nostalgische Schiffsfahrt: Der 105 Kilometer lange Telemarkkanal verbindet seit 1892 die Telemark-Hauptstadt Skien an der Skagerrak-Schärenküste mit dem Ferienort Dalen am Rand der Austheiene.

Die Wald-, Moor- und Seengebiete des Østlandet zählen zu den bedeutendsten Wander- und Kanurevieren des Nordens, die Glåma ist der längste (598 Kilometer) und wasserreichste Fluss Norwegens.

ØSTLANDET

Der ostnorwegische Landesteil Østlandet erstreckt sich von Oslo, Norwegens grüner Hauptstadt am Oslofjord, bis zu den höchsten Gipfeln Nordeuropas im Nationalpark Jotunheimen, von Telemark, dem Ursprungsland des Skifahrens, bis zu den seen- und urwaldreichen Nationalparks im Grenzgebiet zu Schweden. Das Gudbrandsdalen ist Norwegens »Tal der Täler«. Zwischen der Mjøsa, Norwegens größtem See, und dem Gudbrandsdalen liegt Norwegens »Wintersporthauptstadt« Lillehammer.

Oben: Blick auf den Gausta. Unten links: Neben der neuzeitlichen weißen Kirche und dem grassodengedeckten Heimathaus von Torpo steht die einzige im Hallingdal original erhaltene Stabkirche. Großes Bild: Das Fillefjell bildet den Übergang zwischen Østlandet und Sognefjord (Westküste).

Gausta und Hallingdal

Steil erhebt sich der Gausta aus den umgebenden Tälern: Der höchste Berg Telemarks (1881 Meter) überragt alle anderen Gebirge im Umkreis und bietet die weiteste Aussicht ganz Norwegens. Auf dem Hauptgipfel Gaustatoppen schweift der Blick vom Skagerrak und der Schärenküste, der sendeturmüberhöhten Tryvasshøgda bei Oslo und der norwegisch-schwedischen Grenze 175 Kilometer weiter südlich über das Berggebiet Setesdalsheine und über die Hardangervidda hinweg zum Gletscher Hardangerjøkulen sowie zu den Gipfeln des Jotunheimen-Gebirges knapp 180 Kilometer weiter nördlich. Das wald- und seenreiche Hallingdal in Buskerud verbindet den Großraum Oslo und die Gebirge am Übergang zur Westküste. Beidseits des Tals liegen bekannte Wandergebiete, das Norefjell im Süden ist seit den Olympischen Winterspielen 1952 eines der meistbesuchten Skizentren Norwegens.

Friesartige Schnitzereien mit Fabelwesen, die sich kämpfend ineinander verbeißen, schmücken den Eingangsbereich der Stabkirche von Heddal (oben). Wie alle Stabkirchen wurde auch Heddal nicht in einer Stadt, sondern in einsamer, landschaftlich einmaliger Lage errichtet (unten).

Heddal

Wenige Kilometer von der »Blues«-Stadt Notodden entfernt, steht in dem Telemark-Dorf Heddal die größte erhaltene Stabkirche der Welt. Wegen ihres malerischen Aussehens mit dem dreifach gestaffelten Dach und den Türmen gilt sie auch als die schönste. Die dreischiffige »Kathedrale« unter den Stabkirchen wurde im 12./13. Jahrhundert erbaut und in den 1950er–Jahren so rekonstruiert und von nachreformatorischen Umbauten »entkleidet«, dass der heutige Bau im Wesentlichen dem Zustand im Vollendungsjahr 1242 entspricht. Damals hatte man sie der Jungfrau Maria geweiht. Baumeister war, so berichtet eine Sage, ein Troll namens Finne – und weil er den Klang der Glocken nicht ertragen konnte, floh er schließlich vor dem Ort. Im Laubengang (unter der untersten Überdachung) vor der eigentlichen Kirche legten die Gläubigen ihre Waffen ab, ehe sie das »Schiff« betraten.

Christus und die Evangelisten bestimmen neben floralen Motiven die mittelalterlichen Malereien. In nachreformatorischer Zeit rückten bürgerliche Motive wie die in Art eines Hofstaats dargestellte lutherische Pfarrersfamilie in Ringebu in den Vordergrund. Linke Seite: Stabkirchen in Ringebu (oben links/rechts), Heddal (oben Mitte), Eidsborg (ganz unten), Gol (alle übrigen). Rechte Seite: Hedalen (links oben), Eidsborg (darunter), Lom (alle übrigen).

STABKIRCHEN: STUMME ZEUGEN DER ZEIT

Die Stabkirchen sind das bedeutendste Kulturerbe Norwegens aus der jahrhundertelangen Zeit der Christianisierung. Während in großen Städten steinerne Kirchen errichtet wurden – etwa die Dome in Trondheim und Stavanger –, wurden in den ländlichen Regionen ab der Zeit König Olavs des Heiligen († 1028) rund 1000 Stabkirchen erbaut.

Nach der Reformation riss man die meisten ab, manche verfrachtete man als pittoreske Sehenswürdigkeit an andere Orte und baute sie dort wieder auf wie die Stabkirche von Vang (seit 1844 im schlesischen Krummhübel im Riesengebirge) oder die Stabkirche von Garmo: In ihr wurde 1859 der nachmalige Literaturnobelpreisträger Knut Hamsun

getauft, heute ist sie ein Prunkstück im Freilichtmuseum Maihaugen in Lillehammer. In Norwegen selbst sind nicht einmal drei Dutzend Stabkirchen erhalten, die meisten davon stehen im Vestlandet. Namengebendes Merkmal der ein- oder dreischiffigen Sakralbauten sind die senkrecht gestellten Pfosten (»Stäbe«), die das Dach stützen. Die

Außenwände werden durch in einen Rahmen eingelassene Holzplanken gebildet. Die »Stäbe« werden oft mit Schiffsmasten verglichen, doch ist ungeklärt, ob sie vom Schiffbau oder von der Architektur nordischer Königshallen übernommen wurden. Ein weiteres charakteristisches Merkmal ist das steile, mehrstöckig gestufte Dach.

Gustav Vigeland schuf ab 1924 im Frognerpark einen Skulpturenpark mit rund 650 Einzelfiguren längs einer 850 Meter langen Achse (oben; in der Mitte der »Lebensbaum« – ein Monolith aus verschlungenen nackten Körpern). Unten: Das Rathaus (1931 bis 1950) spiegelt sich im Oslofjord.

Oslo

Die Universitätsstadt Oslo ist die pulsierende Haupt- und Residenzstadt Norwegens und als größte Hafenstadt und Verkehrszentrum des Landes eine Drehscheibe zum Kontinent und in alle Welt. Gegründet im Jahr 1050 vom Wikingerkönig Harald Hardråde (»Harald der Harte«) in der paradiesischen Wasser-, Schären-, Berg- und Waldlandschaft am inneren Oslofjord, zählt die heute neben Tokio übrigens teuerste Stadt der Erde 530 000 Einwoh-

ner, in der Hauptstadtregion leben 750 000 von insgesamt 4,6 Millionen Norwegern. Der 317 Meter hohe Berg Holmenkollen, der mit der U-Bahn bequem zu erreichen ist, trägt die berühmteste Skisprungschanze Skandinaviens. Der Schanzenturm fungiert zugleich als Aussichtsturm: Er bietet das beste Panorama der Stadt mit ihren Kulturtempeln, Parks und Shoppingmeilen am Fjord sowie ihrer wald- und seenreichen Umgebung.

Die katholische Ordensschwester Mutter Teresa (1974, oben rechts) sowie die Umwelt- und Menschenrechtsaktivistin Wangari Maathai (2004, unten) erhielten vom norwegischen König im Rathaus von Oslo (oben links) den Friedensnobelpreis verliehen. Rechte Seite: Die Büste des Preisstifters vor dem Nobel-Institut.

EN NORSKE NO

OSLO: DIE STADT DES FRIEDENSNOBELPREISES

Der schwedische Industrielle und Dynamit-Erfinder Alfred Nobel (1833–1896) verfügte testamentarisch, dass das Einkommen aus seinem Vermögen jährlich »in der Form von Preisen« an jene verteilt werden solle, »die im vergangenen Jahr der Menschheit den größten Nutzen geleistet haben«. Am 10. Dezember 1901, seinem fünften Todestag, wurden in Stockholm und Christiania (Oslo) erstmals die Nobelpreise verliehen. Die Verleihung des Friedensnobelpreises in Oslo behielt man auch bei, als Norwegen 1905 unabhängig von Schweden wurde: Traditionell werden seither der Friedensnobelpreis vom norwegischen König in Oslo und die übrigen Nobelpreise vom schwedischen König in Stockholm überreicht; das norwegische Parlament wählt für einen Zeitraum von sechs Jahren die fünf Personen, die das Komitee zur Vergabe des Friedensnobelpreises bilden. Anlässlich der 100-Jahr-Feier der Unabhängigkeit Norwegens eröffneten König Harald V. und der schwedische König Carl XVI. Gustaf 2005 gegenüber vom Osloer Rathaus, in dem alljährlich die Friedensnobelpreise vergeben werden, das Museum Nobels Fredssenter (Nobel Peace Center). Die Anregung zur Stiftung eines Friedenspreises war von der österreichischen Pazifistin Bertha von Suttner ausgegangen; 1905 erhielt die Autorin des Antikriegsromans »Die Waffen nieder« selbst den Friedensnobelpreis.

Das hochseetüchtige Gokstadschiff aus Eichenholz (oben) trug einen zwölf Meter hohen Mast und konnte mit 16 Ruderpaaren angetrieben werden. Heyerdahls Fahrt mit dem Papyrusboot »Ra« (unten) sollte die Möglichkeit von Kontakten zwischen Afrika und Mittelamerika in der Antike beweisen.

Bygdøy

Die waldreiche Villen-Halbinsel Bygdøy im Oslofjord (im Westen der Hauptstadt) trägt den bedeutendsten Museumskomplex Norwegens. Das Vikingskipshuset zeigt Wikingerschiffe und Funde der Wikingerzeit wie das 21,58 Meter lange und 5,10 Meter breite, reich verzierte Osebergschiff – ein Zeremonial- und Prunkschiff für Fahrten in geschützten Gewässern. Hochseetüchtig war das 1880 im Grabhügel Kongshaug bei Sandefjord entdeckte Gokstad-schiff. Das Framhuset zeigt das Polarschiff »Fram«, mit dem Roald Amundsen heimlich in die Antarktis fuhr und 1911 sensationell den prestigeträchtigen Wettlauf zum Südpol gewann, während sein Rivale Robert Scott in Schneestürmen erfror. Weitere Museen auf Bygdøy sind das Norwegische Seefahrtsmuseum, das Freilichtmuseum Norwegisches Volksmuseum und das Kon-Tiki-Museum mit dem Balsafloß von Thor Heyerdahl.

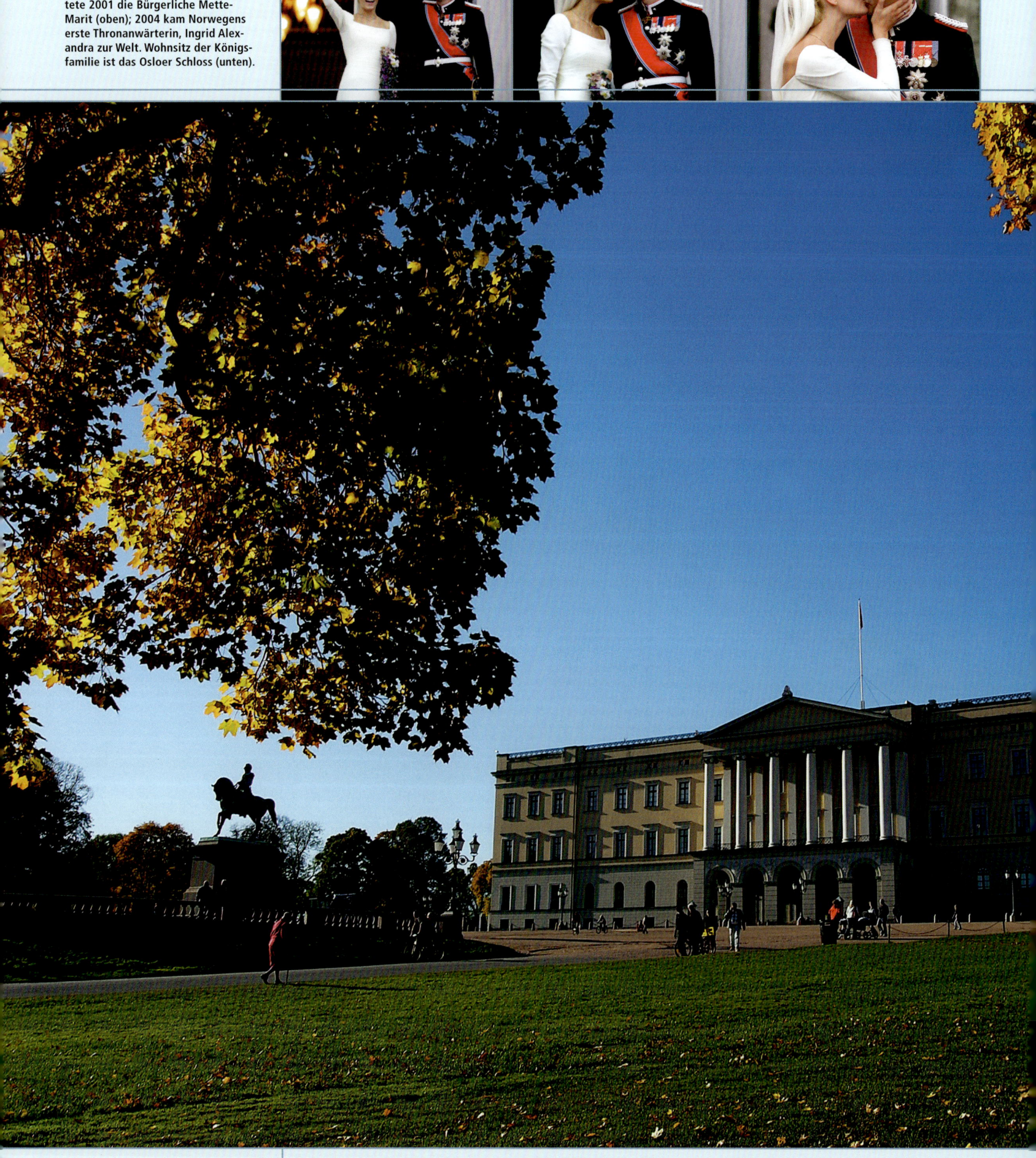

König Harald V. (geb. 1937) ist seit 1991 der höchste Repräsentant Norwegens (rechte Seite). Sein Sohn, Kronprinz Haakon (geb. 1973), heiratete 2001 die Bürgerliche Mette-Marit (oben); 2004 kam Norwegens erste Thronanwärterin, Ingrid Alexandra zur Welt. Wohnsitz der Königsfamilie ist das Osloer Schloss (unten).

DAS KÖNIGSHAUS: VOM VOLK GEWÄHLTE REPRÄSENTANZ DER DEMOKRATIE

Das norwegische Königshaus ist das einzige demokratisch gewählte Europas: Am 7. Juni 1905 erklärte das Storting (Parlament) des demokratischen Königreichs Norwegen die seit 1814 bestehende Union mit Schweden für aufgelöst und den Unionskönig Oscar II. als König von Norwegen für abgesetzt. In Volksfeststimmung bestätigten 99,9 % der Stimmberechtigten diese Entscheidung. Als das Storting dem dänischen Prinzen Carl die Krone anbot, verlangte der charismatische Glücksburger eine erneute Volksabstimmung: Er wollte nicht von Politikern, sondern vom Volk zum König gewählt sein. In der Debatte blieben die Monarchie-Gegner in der Minderheit: Die Eidsvoll-Verfassung von 1814, so das Hauptargument, sei republikanisch und vom Volk verabschiedet; aus historischen Gründen müsse der höchste Repräsentant ein König sein. Am 12./13. November 1905 sprachen sich die Norweger mit 259 563 zu 62 264 Stimmen für Carl aus; das Storting legte fest, dass er den Namen Haakon VII. zu führen habe. Im Nidarosdom in Trondheim fand am 22. Juni 1906 die Krönung vor 2300 geladenen Gästen statt. Die Zeremonie unterstrich, dass die norwegische Demokratie auf christlichen Werten basiert. Mit Haakon VII. erhielt das Land seit mehr als 500 Jahren wieder einen eigenen König: Der letzte, Haakon VI. Magnusson, war 1380 gestorben.

Oben: Auf den Höhen von Lillehammer verstecken sich im Winterwald
viele Ferienhüttensiedlungen mit
Anbindung an die Langlauf- und
Alpinskigebiete der Olympiastadt.
Lillehammers Flaniermeile ist der
autofreie Teil der Storgata. Unten
und großes Bild: im Freilichtmuseum.

Lillehammer und Freilichtmuseum Maihaugen

Die Olympiastadt Lillehammer erstreckt sich von der Mjøsa, Norwegens größtem See, hinauf in die Fjellregionen über dem Gudbrandsdalen, dem »Tal der Täler«. Von der Skisprunganlage Lysgårdsbakkene im Olympiapark blickt man bis hinauf zu den Gipfeln und Gletschern im Rondane- und im Jotunheimen-Gebirge. Das reizvolle Grenzgebiet zwischen Kulturland und Fjell zog seit dem 19. Jahrhundert zahlreiche Künstler nach Lillehammer.

Maihaugen, eine parkartig gestaltete Hügellandschaft am Ortsrand von Lillehammer, ist eines der größten Freilichtmuseen Nordeuropas. In den Sommermonaten sind einige Gehöfte und Häuser bewohnt, damit die Besucher hautnah erleben können, wie die Menschen im 19. Jahrhundert unter den grassodengedeckten Dächern lebten, Holz hackten, am Spinnrad saßen, an der Feuerstelle Essen zubereiteten und in der Halle speisten.

Bei Vinstra im Gudbrandsdalen soll Peer Gynt auf dem Hof Håga gewohnt haben (großes Bild). Der Peer-Gynt-Vegen führt durch das sanft gewellte Fjell (oben links: Wandern am Skeikampen) mit kleinen Seen (ganz unten links) zwischen Gausdal und Gudbrandsdalen (oben rechts: Tiefblick).

Gudbrandsdalen

Norwegens »Tal der Täler« – so nannte der romantische Dichter Henrik Wergeland dieses fruchtbare Tal, dessen Seitentäler bis zu den Nationalparks Jotunheimen, Rondane, Dovre und Dovrefjell-Sunndalsfjella hinaufreichen. Zugleich ist es die Heimat der – von Henrik Ibsen literarisch unsterblich gemachten – norwegischen Sagengestalt Peer Gynt. Durchflossen wird das Tal von dem Fluss Gudbrandsdalslågen, der nach 203 Kilometern bei Lilleham- mer in die Mjøsa, Norwegens größten See, mündet. Schon seit Wikingerzeiten bildet das Gudbrandsdalen die wichtigste Verkehrsleitlinie zwischen Ost- und Mittelnorwegen: In Dombås verlassen alle Wege – der historische Königs- und Pilgerweg (heute Wanderweg), die Europastraße 6 sowie die von Oslo heraufführende Eisenbahnlinie »Dovrebanen« – das nördliche Gudbrandsdalen und führen über das Dovrefjell in die Domstadt Trondheim.

Oben: Während im September die unteren Lagen herbstlich leuchten, zeigt sich der Nautgardstinden schon in reinem Weiß (Mitte). Im Februar bedeckt den Fluss Sjoa unter dem Sjolikampen eine feste Eisschicht (links), an der Trollhøi triff man auf Langläufer (rechts). Unten: im »Heim der Riesen«.

Jotunheimen

Der Nationalpark Jotunheimen umfasst die höchsten Gipfel Nordeuropas und ist die besterschlossene Wander- und Bergsportregion Norwegens. Der Galdhøpiggen bildet mit 2469 Metern die höchste Erhebung Skandinaviens; mehr als 200 weitere Gipfel überragen die 2000-Meter-Marke in diesem vergletscherten Gebirge, das auf der Vestland-Seite von alpiner Schroffheit geprägt ist, während die Østland-Seite mit insgesamt eher ruhigen Formen aufwartet. Der Dichter Aasmund Olavsson Vinje übertrug im 19. Jahrhundert den aus der altnordischen Literatur bekannten Namen »Heim der Riesen« (Jotunheimen) auf das aus mehreren Gebirgen bestehende Gebiet. 1151 Quadratkilometer des zentralen Hochgebirges stehen seit 1980 als Nationalpark unter Schutz. Am Ostrand des Nationalparks liegt die berühmteste Wanderstrecke Norwegens: der Grat Besseggen über dem smaragdgrünen See Gjende.

Die höchste Rondane-Gipfelpartie im jahreszeitlichen Wandel: Schneefelder im Frühsommer, rote Färbung im Herbst, mittsommerliche Wollgraspracht (oben von links). Großes Bild: ein Reich für Bären, Füchse und Elche (Nationalpark Gutulia). Ganz unten: im Nationalpark Femundsmarka.

Rondane, Femundsmarka und Gutulia

Rondane ist Norwegens ältester (1962) Nationalpark. Seine Täler, Schluchten und Gipfel – höchster ist das Rondslottet (2178 Meter) –, seine Geröllwüsten, Moränenterrassen und Toteislöcher, die Grate und Gletscherkare, Moore, Pflanzenoasen und Kiefernwälder sowie das Sporthotel am See Rondvatnet im Herzen des Gebirges machen ihn zum bedeutendsten Wandergebiet nach dem Jotunheimen-Gebirge. 2003 wurde das Schutzgebiet auf 963 Quadratkilometer erweitert. Der seenreiche Nationalpark Femundsmarka wenige Meilen weiter östlich ist ein Eldorado für Kanuten, Angler, (Molte-)Beerensammler und Wanderer. 2003 wurde das Nationalparkgebiet auf 573 Quadratkilometer erweitert. Der Nationalpark Gutulia südlich der Femundsmarka umfasst auf 23 Quadratkilometern Kiefern- und Fichtenurwälder sowie moorreiche Feuchtgebiete an der Grenze zu Schweden.

Herbststimmung an der Otra bei Evje. Beidseits der teilweise wandartig steilen Gneiswände, die das Tal flankieren, erstrecken sich die bedeutendsten Fuß- und Skiwandergebiete Südnorwegens.

Weidenröschen am Wegesrand: Das rund 100 Kilometer lange Setesdalen verbindet als größtes Sørland-Tal die Kulturlandschaften im Süden mit den Hochgebirgsregionen im Bannkreis der Hardangervidda.

SØRLANDET

Der südnorwegische Landesteil Sørlandet erstreckt sich von der Schärenküste am Skagerrak bis zu den Fjellgebieten beidseits des Flusses Otra, der im Setesdal eines der imposantesten Täler Norwegens durchfließt. Größte Stadt im Sørlandet ist die Hafenstadt Kristiansand, die Hauptstadt der Provinz Vest-Agder, fünftgrößte Stadt Norwegens und Heimatstadt von Kronprinzessin Mette-Marit. Auch die anderen Städte liegen malerisch an der Küste, so das auf sieben Inseln erbaute Arendal, die Hauptstadt der Provinz Aust-Agder.

Karge Felsen bilden Norwegens Süd-kap (oben) an der zerklüfteten Küste von Lindesnes (unten). 2006 wurden die 350-Jahr-Feiern des ersten Leucht-turms in Norwegen begangen: 1656 entzündete man hier in einem Turm 30 Talglichter; das heutige »Lindesnes fyr« stammt von 1915 (rechte Seite).

Lindesnes

Lindesnes, der südlichste Punkt des norwegischen Festlands, liegt auf 57° 58′ nördlicher Breite, das entspricht der Breitenlage der Hebriden vor der Küste Nordschottlands und der Hudsonbay in Kanada. Als »Südkap« zählt Lindesnes zu den meistbesuchten Stätten im Sørland, der Besucherandrang beschränkt sich jedoch auf den Leuchtturm mit dem kleinen Leuchtturmmuseum. Wer von dort zum tatsächlich südlichsten Punkt des norwegischen Festlands wandert – den noch weiter südlich in die See hineinragenden Felskuppen –, kann dies auch in der Hauptsaison meist in Ruhe tun; hin und zurück dauert diese Wanderung eine Stunde. Auf den steil zur tosenden See abfallenden Felsen ist nichts in Sicht außer Natur, auch der Leuchtturm nicht – nur die unendliche Weite des Meeres, draußen einige Inseln. Hier den Sonnenaufgang zu erleben, ist ein unvergessliches Ereignis.

Die Hafenstadt Lillesand (oben) zählt dank ihrer alten Holzarchitektur zu den städtebaulichen Perlen der Sørland-Küste. In Lillesand beginnt die berühmte Blindleia-Bootsroute durch die Schären, von denen viele bewaldet sind und bevorzugte Feriendomizile darstellen (unten).

Schärenküste

Die Sørland-Küste ist ein sonnenverwöhntes Bade-, Angel- und Wassersportparadies, das ein Schärengürtel vor der offenen See schützt. Von fast allen Hafenorten starten Ausflugsboote zu »Kreuzfahrten« durch den Schärengarten. Die Blindleia, das stellenweise nur zehn Meter breite Fahrwasser zwischen Lillesand und Høvåg bei Kristiansand, gilt als die beeindruckendste Bootsausflugsroute der gesamten Sørland-Küste. Anders als die Inseln zwischen Kristiansand und Lillesand sind die rund 200 Inseln und Inselchen des Schärengürtels zwischen Kristiansand und Mandal weitgehend unbebaut. Viele davon sind wichtige Rückzugs- und Brutplätze für Seevögel. In Mandal, Norwegens südlichster Stadt, liegt im Schutz der Schären Norwegens längster Sandstrand: Am 800 Meter langen Sjøsanden vor dem Waldgebiet Furulunden herrscht im Sommer Hochbetrieb.

Oben von links: Plakat (1920er-Jahre) zum psychologischen Sehnsuchtsdrama »Die Frau vom Meer«, Emily Stevens als Titelheldin der Ehefrauentragödie »Hedda Gabler«, Kinderdarsteller in Noras »Puppenheim«, Porträt Ibsens von 1896. Unten: Ibsen-Museum in Oslo, wo der bedeutendste norwegische Dichter starb.

IBSEN: »DU SELBST ZU SEIN, SEI DEIN RUHM«

Henrik Ibsen (1828–1906) wurde in der Telemark-Hauptstadt Skien geboren. Von 1844 bis 1850 absolvierte er eine Apothekerlehre in Grimstad. Mehrere museale Einrichtungen erinnern daran: Der Reimanngården in der Vestregate 3 ist das wieder aufgebaute Apothekengebäude, das Ibsenhuset enthält das Zimmer, in dem Ibsen sein erstes eigenes Heim bezog und mit »Catilina« sein erstes Drama verfasste. Das Ibsen-Museum in Oslo zeigt die originalgetreu eingerichtete Wohnung des Dichters, in der er von 1895 bis zu seinem Tod elf Jahre später wohnte.

Ibsens realistische Darstellung der bürgerlichen Gesellschaft in psychologischen Gegenwartsdramen machte ihn zum Bahnbrecher des Naturalismus auf der Bühne. Das Versdrama »Peer Gynt« (1867) war der erste Welterfolg des damals 39-Jährigen: »Du selbst zu sein, sei dein Ruhm« – dieser Satz Peers durchzieht leitmotivisch das Werk. Einen wesentlichen Beitrag zum Erfolg leisteten die Bühnenmusik und die »Peer Gynt«-Suiten Edvard Griegs, der in kongenialer Weise Szenen musikalisch umsetzte. Mit »Die Stützen der Gesellschaft« (1877) schuf Ibsen den Typ des kritischen Gesellschaftsstücks, das die Doppelmoral der politischen Korrektheit anprangert. Die Titelheldin von »Nora oder Ein Puppenheim« (1879) wurde eine Identifikationsfigur für Frauen auf der Suche nach Emanzipation.

Im Hafenort Flekkefjord mit seinen weiß gestrichenen, blumengeschmückten Holzhäusern (oben) erreicht das Sørland seine westliche Grenze. Früher wurden hier die Baumstämme für den Häuser- und Deichbau an der holländischen Küste verschifft. Nach dem Brand 1861 erstand Risør (unten) neu als »Weiße Stadt«.

RISØR UND DIE WEISSEN STÄDTE: PERLEN DER SØRLAND-RIVIERA

Die weißen Städte am Meer sind architektonische Schmuckstücke der Sørland-Küste. Die »weißeste« ist Risør auf der Spitze einer Halbinsel im Skagerrak. Mit ihrer stilvollen Holzhausbebauung gleicht sie einem Freilichtmuseum: Das Areal mit 586 Holzhäusern – viele weiß, andere im traditionellen Falunrot – hat den Status eines »antiquarischen Spezialgebiets« erhalten und wird dementsprechend hervorragend gepflegt. Erbaut wurde die »weiße Stadt« nach einem Großbrand, den 1861 außer der Barockkirche (1647) nur wenige Häuser überstanden. In den folgenden Jahren wurden die weiß gestrichenen Häuser in Massivholz errichtet – stilistisch eine Mischung aus Empire- und Biedermeier-Anklängen. Auf den Grundstücken, die nach dem Brand frei geblieben waren, entstanden in den 1870er-Jahren Holzvillen im »Schweizerstil« – mit höheren Stockwerken und vorgezogenen Dachfirsten. Seinen Reichtum verdankte Risør dem auch im Winter meist eisfreien Hafen, von dem aus insbesondere Eis für die Fischmärkte in London exportiert wurde. Auch die Kalkfelsen von Risør leuchten »weiß«, der berühmteste ist der 45 Meter hohe Risørflekken. Früher diente er als Seezeichen, heute ist er einer der schönsten Aussichtspunkte der Sørland-Küste mit herrlichem Blick auf die Holzhausstadt, den Schärengarten und aufs offene Meer.

Oben: Die Simek AS im Flekkefjord ist eine der großen norwegischen Werften. Sie liefert Fischkutter ebenso wie Fähren und andere Schiffe, wobei die Komponenten aus Hochtechnologiefirmen des ganzen Landes stammen. Unten und rechte Seite: Schiffsschraubenkontrolle bei der Rolls-Royce Marine AS in Flekkefjord.

VOM AGRARSTAAT ZUM HOCH TECHNISIERTEN LAND

Innerhalb eines Jahrhunderts entwickelte sich Norwegen vom Agrarstaat zu einem hoch technisierten Land, dessen Qualitätsprodukte, Wirtschaftskraft und Bildungsniveau zur Weltspitze zählen. Diese Entwicklung begann im Unabhängigkeitsjahr 1905, als Sam Eyde in Notodden Norsk Hydro gründete, den heute größten norwegischen Industriekonzern. Auf der Grundlage einer Erfindung des Physikers Kristian Birkeland avancierte Norsk Hydro zu einem der größten Düngemittelproduzenten der Erde. Leichtmetalle – vor allem Aluminium – und Energie sind heute die Kerngeschäftsfelder des in rund 40 Ländern tätigen Konzerns. Insgesamt gehen 40 Prozent der in Norwegen produzierten Waren und Dienstleistungen in den Export, Importe machen nur gut ein Drittel des Bruttoinlandsprodukts aus. Den Kern der Produktpalette bilden Öl, Gas, Mineralien und Fisch bzw. Meeresfrüchte. Ein neuer Schub setzte mit dem Beginn des Ölbooms (1971) und der digitalen Revolution ein. Innerhalb weniger Jahrzehnte gelang es den Norwegern, ihr Land als Spitzenstandort in den Bereichen Forschung und Wissen zu etablieren. So entwickeln heute norwegische Unternehmen kosteneffektive und umweltfreundliche Lösungen in Bereichen wie Software- und Kommunikationstechnologie, Raumfahrtindustrie, Maschinenbau und Biotechnologie.

Speicherhäuser in Trondheim, dessen Altstadt auf einer Halbinsel liegt, die an drei Seiten vom Fluss und an einer vom Fjord begrenzt wird. Diese günstige Lage half bei der Entwicklung zum wichtigen Handelszentrum.

Der Trondheimsfjord greift vom Nordmeer 126 Kilometer weit nach Mittelnorwegen hinein und bildet den Kern des Landesteils Trøndelag, der in frühen Wikingerzeiten ein eigenes Königreich war.

TRØNDELAG

Der geschichtsträchtige norwegische Landesteil Trøndelag teilt sich in die Provinzen Sør-
und Nord-Trøndelag. Die Dom- und Universitätsstadt Trondheim am südlichen Trondheimsfjord ist die Hauptstadt der Provinz Sør-Trøndelag, die bis zu den vergletscherten Gipfeln
des Dovrefjell hinaufreicht; im Grenzgebiet zu Schweden liegt die UNESCO-Weltkulturer-
bestätte Røros. Steinkjer am inneren Trondheimsfjord ist die Hauptstadt der Provinz Nord-
Trøndelag, die sich bis an die Grenzen des Nordlands erstreckt.

Ökologisches Roulette: Lachszucht sollte ursprünglich die überfischten Wildlachsbestände schonen (unten: Atlantischer Lachs), doch das Gegenteil trat ein: Dicht besetzte Netzkäfige für die »Masthühner des Meeres« in Fischfarmen wie in Tafjord (oben) wurden Brutstätten der Lachslaus, der ganze Populationen von Wildlachsen zum Opfer fielen. Rechte Seite: Farbstoffe im Futter generieren das rosa Fleisch der – hier: geräucherten – Zuchtlachse.

MEERESRESSOURCEN: FISCHEREI UND AQUAKULTUR

Obwohl der Anteil der Fischerei am Bruttoinlandsprodukt nur 0,5 Prozent beträgt und sich die Zahl der Berufsfischer in den letzten 15 Jahren auf unter 13 000 halbiert hat, ist Norwegen weiterhin eine der führenden Fischereinationen der Erde und vor dem Hintergrund seiner Geschichte ohne Fischerei nicht denkbar. Fischerei ist Kultur und Tradition, deshalb schert sich Norwegen keinen Deut um gut gemeinte Appelle: Walfang und Seehundjagd werden weiter betrieben, auch wenn die Ausbeute marginal ist. Wirtschaftlich bedeutend sind Dorsch – ab der Geschlechtsreife heißt er Kabeljau –, Lodde und Hering sowie Lachszucht und Aquakultur; im Bereich der Aquakultur ist Norwegen weltweit führend. Die berühmtesten Lachsgewässer und generell die besten traditionellen Fischereireviere liegen im Norden. Dem Kabeljau gilt seit mehr als einem Jahrtausend das Hauptaugenmerk der Lofotfischer. Finnmark ist das wichtigste Wildlachsrevier. Derzeit werden dort rund 170 Tonnen Lachs jährlich geangelt, 36 Prozent aller in Norwegen geangelten Lachse. »Lachskommunen« schlechthin mit legendärem Ruf auch unter deutschen Anglern sind Namsos, Alta und Sør-Varanger. Da sich die angelandeten Mengen an Kabeljau seit den 1980er-Jahren halbiert haben, setzen Fischkonzerne auf Aquakulturen: Zuchtanstalten machen Kabeljau ganzjährig fangfrisch verfügbar.

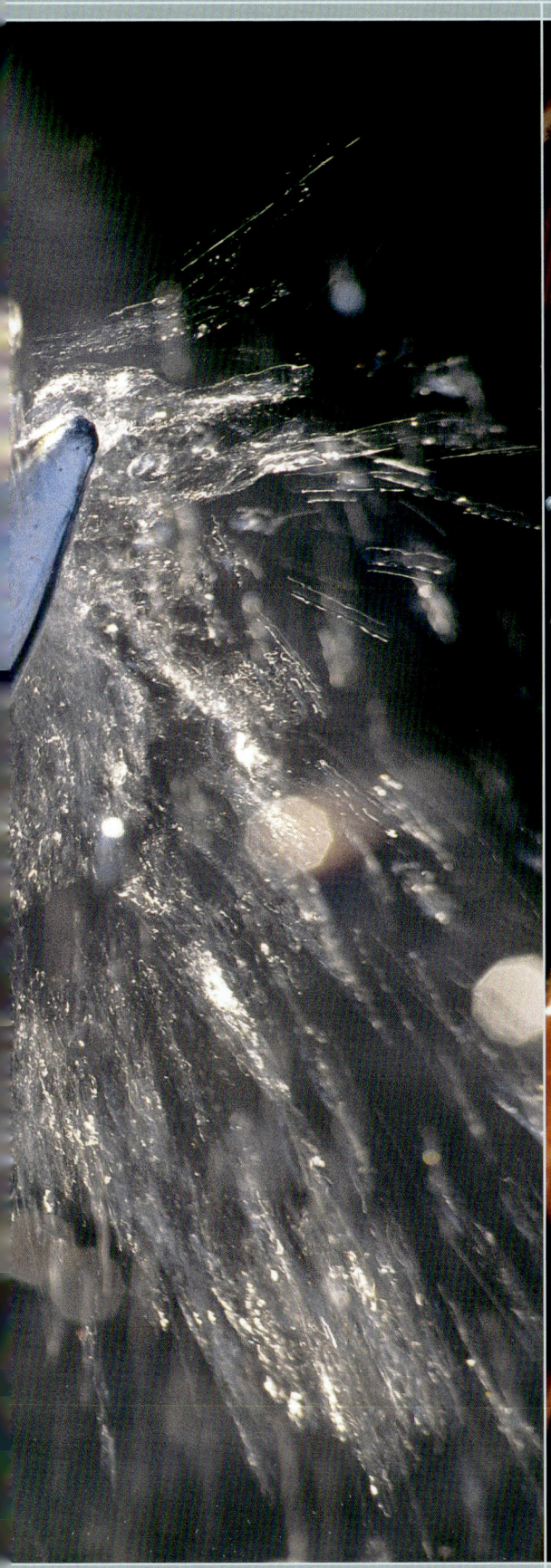

Das Rokokopalais Stiftsgården (1770, oben links) am Marktplatz ist einer der größten erhaltenen Holzbauten Skandinaviens. Die Gamle Bybro (oben rechts), das »Portal des Glücks«, führt in der Nähe der Speicherhäuser (unten) über den Fluss Nidelva in die Altstadt.

Trondheim

Die von der Festung Kristiansten (17. Jahrhundert) überragte Stadt Trondheim hieß einst Nidaros, was auf ihre Lage an der Mündung (»os«) des Flusses »Nid«, heute Nidelva, verwies. Mit 156 000 Einwohnern ist Trondheim die drittgrößte Stadt Norwegens nach Oslo und Bergen sowie die zweitnördlichste Großstadt Westeuropas nach dem isländischen Reykjavík. Ab dem 18. Jahrhundert erlebte die einstige Krönungsstadt der Könige und mittelalterliche Hauptstadt eine neue Blüte als Wissens-Standort. 1760 wurde die Norwegische Gesellschaft der Wissenschaften gegründet, 1910 eröffnete Norwegens erste Technische Hochschule, 1968 begann der Lehrbetrieb an der Universität – heute sind rund 20 Prozent der Einwohner Studenten. Trondheim ist eine pulsierende »alte, junge Metropole« mit vielfältigen Angeboten von Freilichtkonzerten im Sommer bis hin zu den berühmten Domkonzerten.

Älteste Teile der Kathedrale mit ihren »spukhaften« Wasserspeiern (oben links/rechts) sind das ab 1152 errichtete Querschiff und das über der Olavsquelle erbaute Kapitelhaus. Ab 1186 folgte der dreischiffige gotische Langchor, ab 1248 die Westfassade (oben Mitte) mit Fensterrose (unten), 1320 war das Bauwerk vollendet.

»NIDAROS«: GESCHICHTE EINER KÖNIGSSTADT

Der Nidarosdom in Trondheim ist die größte gotische Kathedrale Skandinaviens und die Krönungskirche der norwegischen Könige. Auch als spirituelles Ziel ist dieser im Mittelalter wichtigste Wallfahrtsort Nordeuropas wieder bedeutsam: Der mit Santiago de Compostela verknüpfte alte Pilgerweg von Oslo über das Dovrefjell zum Grab Olavs

des Heiligen im Nidarosdom und weiter nach Stiklestad wurde neu angelegt, markiert und 1997 eröffnet. Tausend Jahre zuvor, 997, hatte der christliche Wikingerkönig Olav I. Tryggvason an der Mündung des Flusses Nidelva einen Königshof gegründet, aus dem die Stadt Nidaros – so der frühere Name Trondheims – hervorging. Unter Olav

dem Heiligen wurde Nidaros ab 1016 zur wichtigsten Residenz ausgebaut. In Gestalt des 1030 im Kampf gegen heidnisch-germanische Norweger und dänische Besatzungstruppen in Stiklestad gefallenen Königs Olav erhielt das Land einen Nationalheiligen, der zur Symbolfigur für ein geeintes, von Fremdherrschaft freies, christliches Norwegen verklärt wurde. Über seinem Grab wurde der Nidarosdom erbaut. Durch die Reformation verlor Nidaros seine herausragende Stellung, das Erzbistum wurde aufgehoben, der Dom verwahrloste (rekonstruiert bzw. restauriert in den Jahren 1869 bis 1930), und die Stadt erhielt den dänischen Namen »Dronthjem« – heute Trondheim.

Die achteckige Kirche von 1784 ist der einzige Steinbau und das Wahrzeichen der historischen Minenstadt Røros (oben und unten links sowie großes Foto). Die Bergleute lebten in einfachen Hütten (oben Mitte), die Olavsgrube ist heute Bergwerksmuseum (oben rechts).

Røros

Der 5600 Einwohner zählende Ort liegt auf 630 Metern Höhe im Grenzgebiet zu Schweden und hält mit minus 50,4 Grad Celsius den Kälterekord unter den norwegischen Städten. In diesem Kälteloch wurde 1644 Kupfer entdeckt und die erste Schmelzhütte des Landes in Betrieb genommen. Wegen des Mangels an qualifizierten Arbeitskräften mussten Bergleute aus ganz Europa – vornehmlich aus Deutschland – akquiriert werden, ständig wurden neue Erzgänge entdeckt und abgebaut, sodass die Stadt kontinuierlich wuchs. Røros ist die am besten erhaltene historische Bergbaustadt Norwegens und gehört seit 1980 zum Weltkulturerbe der UNESCO. Dreihundertdreiunddreißig Jahre lang wurde hier Kupfer abgebaut, unterbrochen nur von den Bränden in den Jahren 1678 und 1679 – ein montangeschichtliches Kontinuum vom 17. Jahrhundert bis 1977.

Der Nationalpark Dovrefjell-Sunndals-fjella vereint weite Vidda-Hochflächen (oben) und das vergletscherte Hochgebirge im Bereich der Snøhetta. Über den Seitentälern des Sunndals-fjords stürzt das Felsplateau in mehreren 100 Meter hohen, senkrechten Felswänden ab (unten).

Dovrefjell-Sunndalsfjella

»Einig und treu, bis Dovre fällt«, schworen die Abgeordneten, als sie 1814 in Eidsvoll die bis heute gültige Verfassung des demokratischen Königreichs Norwegen verabschiedeten. Damals galt die formschöne Snøhetta (2286 Meter) mit ihrem weißen Gletschermantel als höchster Gipfel Norwegens, seit der Vermessung des Landes ist klar, dass der Galdhøpiggen (2469 Meter) im Jotunheimen-Gebirge die »Schneekapuze« um knapp 200 Meter überragt. 1974 wurden die höchsten Trakte des Dovrefjells als Nationalpark unter Schutz gestellt wegen ihrer landschaftlichen Schönheit, ihres botanischen Reichtums und als Rückzugsgebiet selten gewordener Pflanzen und Tiere. 2002 wurde der Nationalpark auf 1693 Quadratkilometer erweitert und in »Dovrefjell-Sunndalsfjella« umbenannt: In der rentierreichen Sunndalsfjella dacht das Gebirge bis fast zur Fjordküste ab.

Norwegisches Tierkaleidoskop: Austernfischer, Dreizehenmöwen und Papageientaucher (oben). Kiebitz, Sterntaucher auf dem Nest, Küstenseeschwalbe beim Füttern im Flug, Seeadler bei der Fischjagd und nach dem Fang (linke Seite von oben). Elch, Rentier, Luchs, Rotfuchs (rechte Seite von oben). Großes Bild: Moschusochse.

FASZINIERENDE FAUNA ZWISCHEN WÄLDERN UND ARKTIS

Der landschaftlichen Vielfalt auf 13 Breitengraden entspricht die Verteilung der Tierwelt: Im Süden unterscheidet sie sich kaum von der in Mitteleuropa, auf den Gebirgshochflächen und im Norden ist sie arktisch. Der Moschusochse ist ein Symboltier der Arktis. Aus Grönland wurde er in der Tundrenlandschaft des Dovrefjells wieder eingebürgert.

Menschen begegnen Moschusochsen mit dem gleichen Respekt wie Wölfe: Beide wissen, dass das nur scheinbar schwerfällige Herdentier bei Gefahr blitzschnell rennen und den Angreifer aufspießen kann. Luchs, Bär, Wolf – in Norwegen gibt es diese Raubtiere noch alle, auch wenn ihr Lebensraum fast ausschließlich auf die Nationalparks

beschränkt ist. Die meisten meiden die Menschen; fühlen sie sich jedoch bedroht und verfolgt, kann das vor allem bei Bären gefährlich werden. Die größten Wildrengebiete sind Hardangervidda, Dovrefjell und Rondane. Anders als über die ganz exakt dokumentierten Abschüsse – so wurden 2005 zum Beispiel 860 Wildrentiere auf der

Hardangervidda, 570 im Snøhetta-Gebiet und 980 im Rondane-Gebiet erlegt –, liegen über den Bestand nur geschätzte Zahlen vor. Elche profitieren von weitflächigen Abholzungen außerhalb der Nationalparks: In den Wiederaufforstungsgebieten finden sie ein reiches Nahrungsangebot. Ihr Bestand hat sich in den letzten Jahrzehnten vervielfacht.

Aldersundet an der Reichsstraße 17: Diese – immer wieder durch Überfahrten mit Fähren unterbrochene – Traumstraße führt von Steinkjer in Nord-Trøndelag 650 Kilometer weit in die Nordland-Hauptstadt Bodø.

Die bis zu 100 Jahre alten Fischerhütten des Lofoten-Dorfs Sakrisøy stehen auf Pfählen im Wasser, überragt von den Gipfeln der Insel Moskenesøya. Diese Hütten werden heute als Feriendomizile genutzt.

NORDLAND

Die durch Fjorde reich gegliederte Nordland-Küste mit den vorgelagerten Inseln zählt zu den spektakulärsten Küstenlandschaften der Erde. Von der Helgeland-Küste im Süden mit der UNESCO-Welterbe-Inselgruppe Vega erstreckt sie sich nordwärts bis zum Lofoten-Archipel, dessen bizarr geformte Felswände bis zu 1000 Meter aus der Brandung aufragen. Mit 17 934 Kilometern hat die Polarkreisprovinz Nordland die mit Abstand längste Küstenlinie aller norwegischen Fylker (vor Hordaland an der Westküste mit 6504 Kilometern).

Reine auf der Insel Moskenesøy (oben links) und Henningsvær, das »Venedig der Lofoten« auf der Insel Austvågøy (oben Mitte und rechts), sind die berühmtesten Fischereiorte der Lofoten. Auf Gestellen wird Dorsch getrocknet (unten und rechte Seite), den die Fischer im Winter im Vestfjord fangen (rechte Seite oben).

JAHRHUNDERTEALTE TRADITION: KLIPP- UND STOCKFISCH

Schon die Wikinger salzten ihren Fang, dorschartige Fische wie Kabeljau ebenso wie Seelachs und Schellfisch, und trockneten ihn in Sonne und Wind auf den Felsen (»Klippen«) an der Küste – daher auch der Name Klippfisch (norwegisch »klippfisk«). Der lagerfähige Klippfisch diente als Proviant auf Seereisen und wurde exportiert:

Norwegischer Klippfisch ist in Portugal unter dem Namen »Bacalhau« ein Nationalgericht. Stockfisch wird im Freien auf Holzgestellen getrocknet; geeignet sind dafür vor allem Dorsche und Plattfische. Auch Stockfisch geht seit dem Mittelalter traditionell in den Export. Noch heute ist Norwegen weltweit der größte Exporteur die-

ser Kabeljau-Spezialität, die man in Italien unter dem Namen »stoccafisso« schon seit Jahrhunderten zubereitet. Die bekannteste Trockenfischspezialität in Norwegen heißt »Lutefisk« und steht in der Adventszeit in allen Fischrestaurants auf der Speisekarte. Hierzu wird der Stockfisch zuerst in einer Lauge, danach in Wasser eingeweicht, um

das Salz zu entfernen, und anschließend gekocht. Die traditionelle Lofot-Fischerei im Vestfjord ist heute bedroht: Denn während die Lofot-Fischer nur im Winter von Januar bis Ende März/Anfang April ausfahren können, wird der Kabeljau heute ganzjährig im Nordatlantik gefangen und zudem in Aquakulturen gezüchtet.

Auf der Insel Austvågøy (unten) liegt Svolvær, der größte Fischereihafen der Lofoten. Südlich benachbart sind die Inseln Vestvågøy (oben links), Flakstadøy (oben rechts) und Moskenesøy mit dem Fischerort Reine (ganz unten links). Für alle Inseln charakteristisch sind die roten Fischerhäuschen.

Moskenesøy, Vestvågøy, Austvågøy und Flakstadøy (Lofoten)

Die zum Verwaltungsgebiet Nordland gehörende Inselkette der Lofoten, die der Vestfjord vom Festland trennt, ist ein versunkenes Gebirge, dessen Spitzen aus der See ragen. Auf Austvågøy, der größten Lofotinsel (527 Quadratkilometer), erreichen die Gipfel im Higravtinden (1161 Meter) ihre höchste Erhebung. Aus der Ferne wirkt dieses Inselgebirge im Nordmeer wie eine einzige, bizarr gezackte Felswand, deren Abwechslungsreichtum sich erst vor Ort enthüllt: schneeweiße Strände, Wasserfälle und grüne Täler, vom Eis ausgeschliffene Kare und Taltröge, wie Amphitheater umstanden von schneeüberzuckerten Bergen und in den Fischerdörfern die »Rorbu« genannten roten Holzhäuschen. Zu den sieben Hauptinseln gehören neben Austvågøy, Vestvågøy (411 km²), Moskenesøy (186 km²) und Flakstadøy (110 km²) noch die Inseln Værøy (16 km²), Gimsøy (46 km²) und Røst (3,6 km²).

Die Mittsommernacht auf der Lofotinsel Værøy lässt sich vom 30. Mai
bis zum 13. Juli erleben (oben); ein
Wanderweg führt auf die Höhen. Der
höchste Gipfel des elegant aus dem
golfstrombegünstigten Nordmeer
aufragenden Inselgebirges (unten) ist
der 456 Meter hohe Nordlandsnupen.

Værøy
(Lofoten)

Die »Wetterinsel« Værøy – der Name verweist auf das auch im Sommer rasch wechselnde Mikroklima – liegt im Süden der Lofoten zwischen der Vogelinsel Røst und dem Mokstraumen, einem der stärksten Gezeitenströme der Erde. Der Mokstraumen wurde durch Edgar Allan Poe (»Der Sturz in den Mahlstrom«) und Jules Verne als »Mahlstrom« weltberühmt. Auf der Insel Moskenesøy endet die Lofoten-Europastraße E 10, Værøy ist mit der Fähre er-reichbar. Der traditionelle Haupterwerb der Insulaner, die Papageitaucher- und Adlerfängerei, gehört der Vergangenheit an. Seit die Papageitaucher im 20. Jahrhundert unter Schutz gestellt wurden, sind die Lundehunde (Vogelfängerhunde), die ganz trittsicher die glitschigen Felsen ersteigen konnten, nahezu ausgestorben, und das Vogelfängerdorf Mostad im Süden der Insel liegt verlassen. Heute lebt man hier weitgehend vom Tourismus.

Küstenlandschaft unter der Mitternachtssonne bei Bodo im Nordland (oben links/rechts), unten die Lofoten bei Flakstad nachts um 1 Uhr 45. Sankthans, das Mittsommerfest am Abend des 23. Juni (oben Mitte ein festlich geschmücktes Mädchen in Lillehammer), wird je nach Region unterschiedlich begangen.

»WEISSE NÄCHTE« UNTER DER MITTERNACHTSSONNE

Nur in Nordnorwegen scheint eine Sonne, die es nirgends sonst in Norwegen gibt: die Mitternachtssonne. Im Hochsommer geht die Sonne in Nordnorwegen nicht unter, selbst im Süden des Landes ist es um 23.00 Uhr noch hell und die Sonne geht um 3.00 Uhr schon wieder auf – aber Sonne zur Mitternachtszeit gibt es nur nördlich des Polar-

kreises. Etwa 80 Tage lang verdrängt die Sonne am Nordkap die Nacht mit Mond und Sternen – ein Phänomen, das bis zum Polarkreis zu beobachten ist. Allerdings wird die Zeit der Mitternachtssonne immer kürzer, je näher der Polarkreis rückt – an den Polarkreisen selbst tritt dieses Phänomen nur noch am Tag der Sommersonnenwende

in Erscheinung. In der Nordland-Hauptstadt Bodø ist die Mitternachtssonne vom 4. Juni bis zum 8. Juli zu erleben, am Nordkap vom 13. Mai bis zum 29. Juli. Millionen von Menschen kommen alljährlich aus aller Welt, um die Mitternachtssonne und die »weißen Nächte« zu sehen. Beim Mittsommerfest Sankthans brennen die »Sankthansbål« ge-

nannten Johannisfeuer: Kinder und Erwachsene freuen sich unter der Mitternachtssonne auf die Sommerferien. Doch so schön das Land an Mittsommer auch aussieht: Wanderer müssen bedenken, dass viele Hochlagen in den Bergwanderregionen zu diesem Zeitpunkt wegen der Schneeschmelze noch völlig unpassierbar sind.

Die großartige Lage der Hafenstadt Narvik und der umgebenden Bergwelt lassen sich am besten vom Restaurant im Hang des Fagernesfjellet überblicken; an Mittsommer fährt die Seilbahn sogar nachts (oben links). Gutes Schuhwerk verlangt der Nationalpark Rago (oben rechts).

Narvik am Ofotfjord

Bei Narvik am ganzjährig eisfreien Ofotfjord erreicht das norwegische Festland seine schmalste Stelle: Nur 6,3 Kilometer Luftlinie sind es zum schwedischen Wintersportort Riksgränsen. Die 508 Höhenmeter auf kurzer Distanz zählen zu den eindrucksvollsten Gebirgsstrecken des Nordens. Hier schraubt sich die Europastraße 10 zum Pass hinauf und setzt sich unter dem Namen »Nordkalottvägen« in Richtung der Erzbergbau-Kapitale Kiruna fort.

Hier verläuft in atemberaubenden Serpentinen auch die Lapplandbahn, die »Erzbahn«, deren 1902 eröffneter Teil in Norwegen »Ofotbanen« heißt. Die dritte Top-Route des Gebiets ist der Rallarveien, der als Mountainbike- und Wanderroute eingerichtete alte Eisenbahnsicherungsweg: Er verlangt auf norwegischer Seite Schwindelfreiheit und Mut, während die schwedische Fortsetzung zum Nationalpark Abisko das Prädikat »kinderleicht« verdient.

Das durch einen Wanderpfad erschlossene, eisfreie Tal Vesterdalen trennt den Svartisen (alle Abbildungen) in die schildförmigen Einzelgletscher Vestisen und Austisen. Das imposante Tor (oben links) des in einen See (oben rechts) kalbenden Arms Austerdalsisen ist am leichtesten erreichbar.

Saltfjellet-Svartisen

Saltfjellet-Svartisen am Polarkreis ist der abwechslungsreichste Nationalpark Norwegens. Vom Nordfjord an der golfstromerwärmten Küste schwingt sich das 2102 Quadratkilometer große Gelände hinauf zum Plateaugletscher Svartisen: »Das schwarze Eis« ist mit etwa 350 Quadratkilometern der zweitgrößte Gletscher Norwegens nach dem Jostedalsbreen im Vestlandet. Östlich des Gletschers setzt sich der Nationalpark in den fruchtbaren Flusstälern und eisigen Hochgebirgslandschaften des Saltfjellet fort. Auf dem kalkreichen Gestein gedeiht im kurzen, intensiven Sommer eine einzigartige Flora. Die Samen nutzen dieses Gebiet seit Menschengedenken zur Rentierdrift. Durch eine paradiesische Fruchtbarkeit und bizarren Formenreichtum zeichnet sich der 2004 eingerichtete, ebenfalls zum Saltfjellet gehörende Nationalpark Junkerdal im Grenzgebiet zu Schweden aus.

Wo die Europastraße 6 den nördlichen Polarkreis kreuzt, steht in Sichtweite des Leuchtturms an der Küste ein Polarkreismonument (oben). Von den Hurtigrutenschiffen genießt man ebenfalls einen Blick (unten) auf diesen »magischen Ort«, der im mathematischen Sinn die Polarzonen von den gemäßigten Zonen trennt.

POLARKREIS – AN DER GRENZE ZUR ARKTIS

Die Polarkreise zählen seit alters her zu den als »magisch« gedachten Linien der Erde, da sie die mathematische Grenze zwischen den gemäßigten Zonen, in denen alle Menschen leben können, und dem Gebiet des außergewöhnlichen Lichts und Klimas markieren – dem Polargebiet, der Arktis im Norden, der Antarktis im Süden. Wegen des vergleichsweise milden Klimas gilt dies insbesondere für den nördlichen Polarkreis: Die Arktis ist im Unterschied zur Antarktis teilweise bewohnt (Inuit, Samen). In Norwegen entspricht diese Grenze nahezu exakt der Nordgrenze des früher von Germanen besiedelten Helgeland und dem Siedlungsraum der Samen. Zur Wintersonnenwende berührt die Sonne an den Polarkreisen mittags den Horizont, zur Sommersonnenwende ist sie mitternachts gerade noch sichtbar. Mathematische Grenze bedeutet: All dies ist nur auf 66° 33´ nördlicher Breite erlebbar, das heißt an Punkten mit exakt derselben Entfernung zum Pol. Die Vegetations-, klimatischen und anderen Grenzen sind keineswegs an diese Linie gebunden. Ob Finnland, Schweden oder Norwegen: Nahezu alle Erlebnisreise-Anbieter haben auf 66° 33´ nördlicher Breite eine als »mystisch« plakatierte »Polarkreistaufe« im Programm, gern im Beisein eines samischen »Schamanen«, der die Täuflinge erschauern lässt, wenn er ihnen Rußspuren auf die Stirne zeichnet …

Der Saltstraumen bei Bodø ist eine der mächtigsten Gezeitenströmungen Europas (oben links). Der »hutartige« Torghatten (260 Meter) auf der Insel Torget bei der Hafenstadt Brønnøysund fasziniert mit seiner 160 Meter langen Durchgangshöhle im Granit (oben rechts und großes Bild).

Helgeland

Das an Naturwundern reiche Helgeland – wörtlich »das heilige Land« – ist eine der abwechslungsreichsten Küsten- und Hochgebirgslandschaften Europas. Sie umfasst die südliche Nordlandküste mit ihren Fjorden und Tausenden von Inseln, darunter die als UNESCO-Welterbe ausgewiesenen Vega-Inseln, und die Gebirgslandschaften an der Grenze zu Schweden, darunter den 1447 Quadratkilometer großen Wildnis-Nationalpark Børgefjell. Der Polarkreis markiert in etwa die Nordgrenze dieses Landstrichs, dessen Häfen auch auf der Hurtigrute passiert werden. Leitlinien für den Fremdenverkehr sind neben der Hurtigrute die als »Nationale Touristikstraße« ausgeschilderte Reichsstraße 17 an der Küste und im Binnenland die E 6. Die größte Helgeland-Stadt und drittgrößte Stadt Nordnorwegens ist Mo i Rana am Ranfjord zu Füßen des Gletscher- und Hochgebirgs-Nationalparks Saltfjellet-Svartisen.

Der Kjøllefjord ist ein Arm des Laksefjord in der Finnmark. Das Schiff passiert auch die Stora Finnkjerka, eine kirchenähnliche Felsformation, die früher den Samen als Opferstätte gedient haben soll.

Båtsfjord am gleichnamigen Fjord im Norden der Varanger-Halbinsel hat wie viele andere Orte der Region keine historische Bebauung: Im Zweiten Weltkrieg wurde alles dem Erdboden gleich gemacht.

FINNMARK UND TROMS

Finnmark und Troms – die arktischen Provinzen der Nordkalotte, wie der Landblock nördlich des Polarkreises zusammenfassend genannt wird – sind gemeinsam etwas größer als Bayern, aber hier leben nur rund 246 000 Menschen, Tendenz sinkend. Hauptarbeitgeber sind die Streitkräfte und der Tourismus: Das Nordkap ist für Millionen Reisende ein Sehnsuchtsziel, der Altafjord eines der besten Lachsgewässer des Landes, die Felszeichnungen der UNESCO-Welterbestätte Alta belegen künstlerisches Schaffen schon vor 7000 Jahren.

Zehntausende wollen auf dem Nord-
kap-Plateau auf der Insel Magerøya
(oben und großes Bild) an Mittsommer die Mitternachtssonne erleben.
Von Honningsvåg am Porsangerfjord
(unten links) führt die E 69 durch die
arktische Landschaft der Insel zur
modernen »Nordkap-Halle«.

Nordkap

Der »Nordkap« genannte Felsvorsprung im Norden der Insel Magerøya auf 71° 10′ 21″ nördlicher Breite ist jener Punkt, der seit Jahrhunderten fälschlich als Festlandeuropas nördlichster Ausläufer gilt. Der tatsächlich nördlichste Punkt ist die benachbarte Felszunge Knivskjellodden auf 71° 11′ 09″: Sie erstreckt sich, wie auf dem großen Bild gut zu sehen ist, etwa 1,5 Kilometer weiter nördlich als das so genannte Nordkap ins Meer, ist jedoch vergleichsweise flach und nicht so »spektakulär«. Das Nordkap-Felsplateau ragt 307 Meter aus dem Europäischen Nordmeer auf. Als der englische Seefahrer Richard Chancellor, der von 1553 bis 1554 als Chefnavigator einer Flotte von sieben Schiffen die erste Fahrt zur Entdeckung der Nordostpassage unternahm, diesen imposanten Felsvorsprung sah, hielt er ihn für die Nordspitze des Kontinents und nannte ihn »North Cape«.

Polarlichter über dem Lofoten-Archipel, der Finnmarksvidda und Karasjok (oben von links), bei Oslo (linke Seite) und der Insel Magerøya (großes Bild). Polarlichter erscheinen als Bogen aus strahlenförmigen Gebilden, als flackernder Lichtschein, als leuchtende Wolken in flammender Bewegung.

POLARLICHT: FEENSCHLEIER UND GÖTTLICHE ZEICHEN

In alten Beschreibungen wird das Polarlicht als eine überirdische magisch-mystische Erscheinung aufgefasst und in Sagen als Feenschleier oder göttliches Zeichen gedeutet. Doch die Wissenschaft hat diese Erklärungsversuche längst entzaubert: Polarlicht, so die deutlich prosaischere Version, ist eine durch Anregung von Sauerstoffatomen und Stickstoffmolekülen entstehende Leuchterscheinung am Nachthimmel in einer Höhe von 70 bis 500 Kilometern. Farbe und Aussehen variieren, am häufigsten sind bandartige Strukturen sowie grüne und rote Farbtöne. Polarlicht tritt als Nordlicht (*Aurora borealis*) und Südlicht (*Aurora australia*) vor allem nach starker Sonnenfleckentätigkeit auf, wenn die Teilchen des Sonnenwinds in den Polargebieten in das Erdmagnetfeld eintreten: Die Sauerstoffatome emittieren grünes und rotes Licht, die Stickstoffmoleküle schwächeres blaues und violettes Licht. Am häufigsten sind Polarlichter im Winterhalbjahr zu beobachten. Die Nordlichtzone erstreckt sich gürtelartig von Nordskandinavien über Island und die Südspitze Grönlands, durch das nördliche Kanada, Alaska und über die Nordküste Sibiriens. Unterschiedliche Sonnenaktivitäten wirken sich auf die Intensität des Polarlichts aus und können es äquatorwärts verschieben; zuweilen werden Nordlichter sogar bis in den Mittelmeerraum hinein beobachtet.

Kirkenes (oben) an einem südlichen Arm des Varangerfjords ist der Endpunkt der Hurtigrute. Hier wenden die Schiffe. Da der westliche Teil der Barentssee nur teilweise von der Wärme des Golfstroms profitiert, müssen zuweilen Eisbrecher den Fjord befahrbar machen (unten).

Kirkenes

Die Hafenstadt Kirkenes in der Gemeinde Sør-Varanger an den Grenzen zu Russland und Finnland ist als Endpunkt der E 6 und der Hurtigrute ein symbolträchtiger Ort. Sie steht zugleich für den Auf- und Untergang einer blühenden Erzindustrie (1906–1996), war mit 320 Luftangriffen während des Zweiten Weltkriegs eine der meistbombardierten Städte Europas, Frontstadt im Kalten Krieg mit direkter Grenze zwischen NATO und Warschauer Pakt, 1996 »Arbeitslosenhauptstadt« der Provinz Finnmark nach dem Ende der Erzära und positioniert sich nun neu als Dienstleistungszentrum, wartend auf die Schaffung der viel diskutierten »Region Barentssee« in einem Europa der Regionen: Abwanderung, Bevölkerungsrückgang und für norwegische Verhältnisse hohe Erwerbslosigkeit führten zu Überlegungen, die Provinzen Finnmark, Troms und Nordland zusammenzufassen.

Tradition und Alltag der Samen: Rentierdrift im Früh-
jahr bei Kautokeino (oben und großes Bild). Linke Seite
von oben: Samen-Mädchen beim Nähen des Hochzeits-
kleids und bei der Anprobe; Holzfeuerküche während
der Frühjahrsdrift, Feierabend vor dem Satelliten-TV
neben dem bullernden Gusseisenofen. Rechte Seite von
oben: Samen-Mädchen vor dem Aufbruch zur Frühjahrsdrift und vor der Kirche von Kautokeino, Mutter und
Kind gerüstet für einen Ausflug in Eis und Schnee.

SAMEN: RENTIER-NOMADEN IM HOHEN NORDEN

Die etwa 70 000 Samen sind das Urvolk von Lappland. Ursprünglich siedelten sie auch weiter südlich, vor Wikingern und Finnen wichen sie jedoch im Lauf der Jahrhunderte auf die Nordkalotte zurück. Die Eigenbezeichnung »Samek« bedeutet »Sumpfleute« und verweist auf die weitflächige Vermoorung dieses Gebiets. In einigen Sprachen werden sie »Lappen« genannt: die Leute in der »entlegenen Gegend« (finnisch »lappi«). Auch der Name der UNESCO-Welterbelandschaft Laponia in Schweden – direkt hinter der norwegischen Grenze – greift auf »lappi« zurück. Rund 40 000 Samen leben in Norwegen, circa 20 000 in Schweden, etwa 7500 in Finnland und ungefähr 2000 in Russland.

Die Kriterien, wer dieser ethnischen Minderheit angehört, unterscheiden sich in den einzelnen Staaten, in Norwegen gilt: Same ist, wer das Samische – eine mit dem Finnischen verwandte finnougrische Sprache – als Muttersprache spricht oder samische Vorfahren hat. Der Meilenstein für den Schutz der Samen in Norwegen war das Gesetz über die Errichtung des Sameting (Samenparlament, 1989), dem weitere wichtige Gesetze folgten. Hauptsiedlungsgebiet in Norwegen ist die Finnmarksvidda mit Karasjok als »Hauptstadt« der Samen. Für etwa zehn Prozent der Samen bildet die halbnomadische Rentierwirtschaft einen wesentlichen Teil ihrer Lebensgrundlage.

In Hjemmeluft am Altafjord (unten) finden sich die bedeutendsten Felszeichnungen nördlich der Alpen. Sie wurden ab etwa 3000 v. Chr. in den Fels geritzt und zeigen mehr als 2000 Elche, Rens und andere Tiere (oben). Seit 1985 stehen sie als Weltkulturerbe unter dem Schutz der UNESCO.

Alta und Altafjord

Alta, die größte Stadt der Finnmark, liegt an der Mündung eines der besten Lachsflüsse der Erde: Die 200 Kilometer lange Altaelva, im Oberlauf Kautokeinoelva genannt, entspringt bei der Samen-Stadt Kautokeino und mündet in den durch Sunde und Seitenarme reich gegliederten Altafjord. In der Sommersaison fahren Bootsführer in speziellen »river boats« flussaufwärts und zeigen Touristen die besten Fanggründe. Der Altafjord durchzieht auf 30 Kilometer das 3845 Quadratkilometer große Gebiet der Flächengemeinde Alta. Das vom Golfstrom erwärmte Wasser sorgt für ein mildes Klima, in dem Birken, Erlen, Espen und Kiefern gedeihen und neben Forstwirtschaft auch der Anbau von Kartoffeln und Gerste möglich ist. Der wichtigste Wirtschaftszweig in Alta ist die Schieferindustrie: Abbau, Verarbeitung und Export des hochwertigen Altaschiefers sichern Hunderte von Arbeitsplätzen.

Blick vom Storsteinen auf die unter-
tunnelte, über zwei Brücken erreichbare Inselstadt Tromsø (oben links),
berühmt für ihre Kneipen (oben Mitte).
Im Hafen (oben rechts) legen die Hurtigruten-Schiffe an. Die Inselwelt der
flächengrößten Stadt Europas bietet
traumhafte Lichtstimmungen (unten).

Tromsø

Die Universitätsstadt Tromsø, Hauptstadt der Provinz Troms, ist mit 62 000 Einwohnern die größte Stadt Nordnorwegens und gilt auch als »Paris des Nordens«. Eine Schwebebahn führt auf den Hausberg Storsteinen (420 Meter). Von ihm hat man eine prachtvolle Aussicht auf die Stadt inmitten der durch die Wärme des Golfstroms klimatisch begünstigten Inselwelt im äußersten Nordwesten Norwegens. Als die 80 Seelen zählende Siedlung 1794 zur Stadt erhoben wurde, begann die rasante Entwicklung zur Handels- und Domstadt sowie zur Eismeerkapitale: Tromsø wurde legendär als Ausgangspunkt von Arktis-Expeditionen, das Polarmuseum dokumentiert Unternehmungen wie die von Fridtjof Nansen. Wirtschaftlich dominieren die Universität und Forschungseinrichtungen. Das Universitätsklinikum ist der größte Arbeitgeber in Nordnorwegen.

»Die Zähne des Teufels« (Djevelens tanngard, unten links) sind eine sagenumwobene Felsformation an der Wetterküste von Senja in der Fjordwelt von Ersfjord (oben und unten links), Mefjord (unten Mitte) und Øyfjord, wo in Husøy (unten rechts) die letzte Straße endet.

Senja

Die Märcheninsel Senja ist die zweitgrößte norwegische Festlandsinsel (1586 Quadratkilometern) nach der Insel Hinnøya, die zum benachbarten Vesterålen-Archipel gehört. Ihre durch Fjorde tief zerklüftete Wetterküste zählt zu den wildesten Gebirgs- und Seenlandschaften des Nordens mit ihren spitzen Felsformationen, die 500 bis fast 1000 Meter aus der Brandung aufragen. Der Süden der Insel ist eher »lieblich« und grün. An beiden Land-schaftstypen hat der Nationalpark Ånderdalen teil, der im Jahr 2004 auf 125 Quadratkilometer vergrößert wurde. Mit seinen fischreichen Seen, Wasserfällen, Wäldern und bis zu 500 Jahre alten Nadelbaumriesen zählt er zu den Landschaftskleinodien des Nordens. Den Geistern, die die Insel bevölkern sollen, verdankt der Freizeitpark »Hulder- og Trollparken« seine Existenz; in ihm steht der 17,96 Meter hohe »Senjatroll«, der größte Troll der Welt.

Blühende Weidenröschen verwandeln die Moorlandschaften der Vesterålen-Insel Hinnøya in ein rosarotes Farbenmeer. Der Süden der Insel bietet eine atemberaubende Hochgebirgslandschaft (unten). Auf der Insel Langøya liegt das 1972 verlassene Fischerdorf Nyksund (oben).

Vesterålen

Die Inselkette Vesterålen vor der Küste von Troms erstreckt sich über 150 Kilometer und geht im Süden fast nahtlos in den Lofoten-Archipel über – als Trennungslinie gilt der schmale Raftsund mit dem auf der Lofoten-Seite liegenden Trollfjord. Auch landschaftlich ähnelt sie den Lofoten: Fjorde, Meerengen und Buchten, Schären, Flüsse und Seen, Moore, Täler und Hochebenen, »alpin« wirkende Gipfel und Sandstrände wie im Süden. Hauptinseln sind Hinnøya (mit 2205 Quadratkilometern die größte Insel Norwegens), Langøya und Andøya. 2003 wurde der See- und Hochgebirgs-Nationalpark Møysalen auf der Insel Hinnøya ausgewiesen: Vom Indrefjord erstreckt sich das 51 Quadratkilometer große Gebiet bis hinauf zum vergletscherten Møysalen (1266 Meter), dem höchsten Vesterålen-Gipfel. Trotz der geografischen Nähe gehört verwaltungstechnisch nur ein Teil von Hinnøya zu Troms, der Rest zum Nordland.

Oben von links: Frühlingskuhschelle, Fliegen-Ragwurz, sich aufrollender Rippenfarnwedel, Rote Lichtnelke. Unten: Wind und Wetter sowie die Landesnatur zwischen Fjord und Fjell prägen die reiche norwegische Pflanzenwelt, wie sie sich vor allem in den Nationalparks in ihrer einzigartigen Vielfalt erleben lässt.

VIELFÄLTIGE FLORA ZWISCHEN KÜSTE UND FJELL

Norwegen ist ein schmales, gebirgiges Land, dessen Klima sich im Westen, der unter dem Einfluss der warmen Meeresströmung im Europäischen Nordmeer steht, von dem kontinental beeinflussten Osten stark unterscheidet. Davon geprägt zeichnet sich die norwegische Pflanzenwelt vor allem im Fjell, dem unbewirtschafteten Bergland oberhalb der Nadelwaldgrenze, durch einen enormen Reichtum aus. Das Fjell gliedert sich in drei Vegetationszonen. Die unterste ist der »Weidengürtel« mit Lappland-, Blaugrünen, Wolligen und anderen Weidenarten, mit bis zu zwölf Meter hohen Fjellbirkenwäldern und kälteresistenten Laubbäumen wie Espe und Eberesche sowie einer üppigen Flora, von Mooren und Heiden und deren typischen Bewohnerinnen wie Moltebeere, Wollgras, Zwergbirke, Heidekraut und Heidelbeere. Der Weidengürtel, der sich im 20. Jahrhundert stark ausgebreitet hat, reicht im Jotunheimen auf Höhen von bis zu 1500 Metern. In der Vegetationszone oberhalb des Weidengürtels dominieren Gräser und grasartige Pflanzen. Wo die zusammenhängende Pflanzendecke endet und Fels, Verwitterungsgestein, Moose und Flechten dominieren, liegt der Hochgebirgsgürtel. Die Höhe der Nadelwaldgrenze variiert erheblich. Im ostnorwegischen Østlandet liegt sie bei etwa 900 bis 1100 Metern, in Nordnorwegen sinkt sie bis auf Meeresniveau.

»Spitze Berge« wie hier am Smeerenburg-Gletscher gaben den Ausschlag, dass der holländische Seefahrer Willem Barents im Jahr 1597 die Insel im Nordpolarmeer »Spitzbergen« nannte.

Am Lilliehook-Gletscher im gleichnamigen Fjord. Die abwechslungsreiche Landschaft Spitzbergens – mit anderen Inseln ein Teil des Verwaltungsgebiets Svalbard – steht in sieben Nationalparks unter Schutz.

SPITZBERGEN

Wikinger landeten 1194 auf einer Inselgruppe, die sie »Svalbard« (kalte Küste) nannten. Diesen Namen trägt das aus zehn größeren und ungezählten kleineren Inseln bestehende norwegische Verwaltungsgebiet rund 600 Kilometer nördlich des Festlands. 36 502 Quadratkilometer des insgesamt 61 022 Quadratkilometer großen Archipels sind von Gletschern bedeckt, Hauptort und Sitz des Gouverneurs ist Longyearbyen auf Spitzbergen, der größten (37 673 Quadratkilometer) und einzigen Insel, die ständig bewohnt ist.

Wegen ihrer reduzierten Mimik gelten Eisbären als unberechenbar: Menschen sollten sich von ihnen fern halten – Eisbären greifen oft ohne Vorwarnung an. Um ihr Gegenüber zu beeindrucken, richten sie sich gern auf ihren kräftigen Hinterbeinen auf, etwa bei den Auseinandersetzungen der Männchen in der Paarungszeit.

EISBÄREN: SCHÖN, GEFÄHRLICH, GEFÄHRDET

Eisbär, Polarfuchs und Svalbard-Ren sind die Haupt-Landsäuger auf Spitzbergen. Der mit dem Braunbären eng verwandte Eisbär (Polarbär, *Ursus maritimus*) hat sich erst in geologisch jüngster Zeit, vor rund 50 000 Jahren, auf die nordpolaren Küsten und Treibeisränder spezialisiert. Die fast weiße Farbe des extrem dichten Fells, von dem das Wasser ab- perlt, lässt die exzellenten Schwimmer und Taucher – Tauchdauer: bis zwei Minuten – optisch weitgehend mit der Landschaft verschmelzen. Die Ernährung des bis 2,5 Meter langen Einzelgängers ist fast ausschließlich tierisch: Robben, Fische und Seevögel sind Alltagskost, im kurzen Sommer nehmen sie zusätzlich Pflanzen zu sich. Ein überdurch- schnittlich ausgeprägter Geruchssinn ermöglicht es ihnen, Robben auch in Höhlen im Eis wahrzunehmen. Die einzigen nennenswerten Feinde der Eisbären waren jahrtausendelang die Jäger: An allen Küsten der Arktis jagten die Männer Eisbären, um ihr – oft trichinenverseuchtes – Fleisch zu verzehren und ihre Frauen und Kinder mit wärmenden Fellen zu versorgen. Im 19./20. Jahrhundert verstärkte sich der Druck auf die Eisbären durch »Trophäenjäger«, die von Schiffen und Flugzeugen aus agierten und Selbstschuss- anlagen im Eis montierten. Das internationale Übereinkommen von Oslo verbot 1973 die Eisbärenjagd. Heute gefährden Umweltverschmutzung und Klimawandel die Tiere.

Der Beerenberg (Haakon VII toppen) am Nordende von Jan Mayen ist der nördlichste Vulkan der Erde. Zuletzt war er 1984/85 wieder aktiv. Der Hauptkrater hat einen Durchmesser von zwei Kilometern. Lavagestein prägt die Landschaft in der Zone unterhalb des ewigen Eises.

Jan Mayen

Auf dem jungen Lavagestein siedeln Flechten und Moose, ansonsten ist die Insel karg. Die Wassertemperatur beträgt dank des warmen Golfstroms durchschnittlich ein Grad plus, auch die Lufttemperatur ist mit minus 1,4 °C im Jahresmittel relativ hoch. Die vergletscherte Vulkaninsel Jan Mayen liegt in der Grönlandsee des Nordatlantiks auf halber Strecke zwischen Island und Spitzbergen. Um der Walfangindustrie einen weiteren Stützpunkt zu sichern, gliederte Norwegen 1929 die nach dem niederländischen Walfänger Jan Jacobszoon May benannte, 377 Quadratkilometer große Insel seinem Staatsgebiet ein. Heute ist Jan Mayen offiziell der Verwaltung des Gouverneurs von Svalbard unterstellt. Die Crew der Radio- und Wetterstation bildet die »Wohnbevölkerung« von Jan Mayen, sie wird über ein kleines Rollfeld ein- und ausgeflogen. Wegen der gefährlichen Klippen gibt es keinen Hafen.

Hurtigruten-Schiff in Hammerfest, auf der Insel Kvaløya in Finnmark. Die alte Jäger-, Fischer-, Fallensteller- und Hafenstadt mit dem Eisbären im Wappen war ab 1798 die nördlichste Stadt Europas.

ATLAS

Norwegen grenzt im Norden an die Barentssee, im Westen an das Europäische Nordmeer, im Süden an die Nordsee. Landgrenzen bestehen mit Russland, Finnland, Schweden. Die Nord-Süd-Ausdehnung beträgt 1752, die maximale Ost-West-Ausdehnung 430 Kilometer. Ein Drittel des Staatsgebiets befindet sich nördlich des Polarkreises. Im Westen liegt das zentralnorwegische Gebirge, das nach Westen steil, nach Osten schwach abfällt. Die Küsten werden durch Fjorde stark gegliedert, viele Inseln und Schären sind vorgelagert.

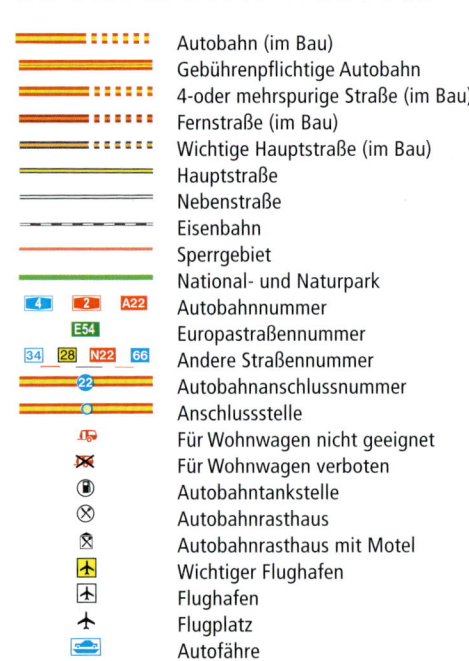

Die Felswand Helleren am Jøssing-fjord in der Westküsten-Gemeinde Sokndal in Rogaland: In dem 15 Meter tiefen und 30 Meter hohen Abri (Halbhöhle) siedelten Menschen von der Steinzeit bis ins 20. Jahrhundert.

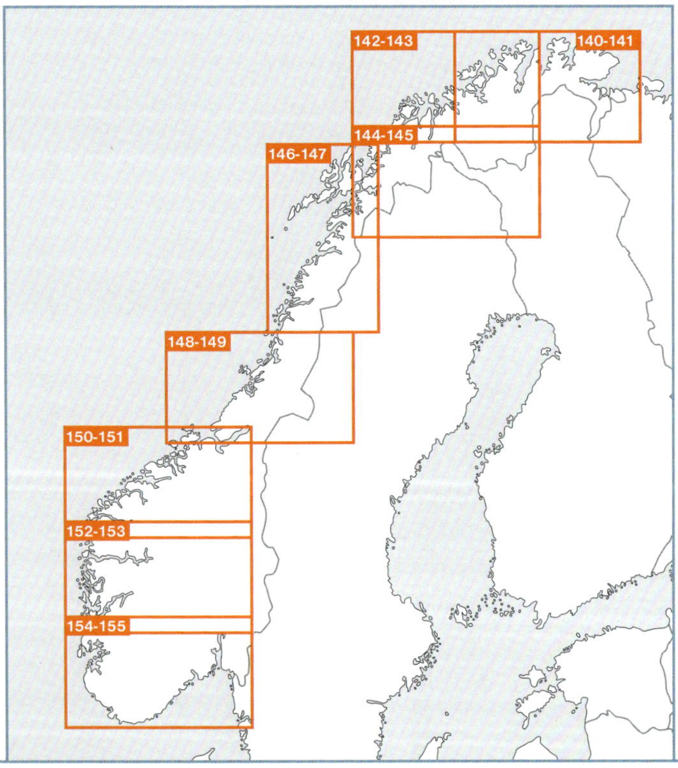

ZEICHENERKLÄRUNG ZU DEN KARTEN 1 : 950 000

	Autobahn (im Bau)
	Gebührenpflichtige Autobahn
	4-oder mehrspurige Straße (im Bau)
	Fernstraße (im Bau)
	Wichtige Hauptstraße (im Bau)
	Hauptstraße
	Nebenstraße
	Eisenbahn
	Sperrgebiet
	National- und Naturpark
4 2 A22	Autobahnnummer
E54	Europastraßennummer
34 28 N22 66	Andere Straßennummer
22	Autobahnanschlussnummer
	Anschlussstelle
	Für Wohnwagen nicht geeignet
	Für Wohnwagen verboten
	Autobahntankstelle
	Autobahnrasthaus
	Autobahnrasthaus mit Motel
	Wichtiger Flughafen
	Flughafen
	Flugplatz
	Autofähre

LEGENDE

Die Karten auf den folgenden Seiten zeigen Norwegen im Maßstab 1:950000. Die geografischen Details werden dabei durch viele touristische Informationen ergänzt: zum einen durch das ausführlich dargestellte Verkehrsnetz, zum anderen durch Piktogramme, die Lage und Art aller wichtigen Sehenswürdigkeiten und Freizeitziele bezeichnen. Touristisch interessante Städte werden durch eine gelb hinterlegte Bezeichnung hervorgehoben. Auch die von der UNESCO zum Welterbe gezählten Monumente sind besonders gekennzeichnet.

PIKTOGRAMME

Reiserouten
- Berühmte Autoroute
- Legendäre Bahnstrecke
- Wichtige Schiffsroute

Naturmonumente
- UNESCO-Weltnaturerbe
- Gebirgslandschaft
- Schlucht/Canyon
- Höhle
- Gletscher
- Flusslandschaft
- Wasserfall/Stromschnelle
- Seenlandschaft
- Naturpark
- Nationalpark (Landschaft)
- Nationalpark (Flora)
- Nationalpark (Fauna)
- Nationalpark (Kultur)
- Wildreservat
- Whale watching
- Zoo/Safaripark
- Botanischer Garten
- Küstenlandschaft

- Insel
- Strand
- Unterwasserreservat

Kulturmonumente
- UNESCO-Weltkulturerbe
- Außergewöhnliche Metropole
- Vor- und Frühgeschichte
- Prähistorische Felsbilder
- Wikinger
- Christliche Kulturstätte
- Barocke Kirche
- Christliches Kloster
- Historisches Stadtbild
- Burg/Festung/Wehranlage
- Burgruine
- Palast
- Aufgelassenes Bergwerk
- Technisches/industrielles Monument
- Sehenswerter Leuchtturm
- Herausragende Brücke
- Sehenswerter Turm
- Herausragendes Gebäude

- Weltraumbahnhof
- Grabmal
- Denkmal
- Markt/Basar
- Feste und Festivals
- Museum
- Freilichtmuseum
- Information
- Theater
- Olympiastadt

Sport und Freizeit
- Arena/Stadion
- Golf
- Pferdesport
- Skigebiet
- Segeln
- Tauchen
- Windsurfen
- Kanu/Rafting
- Seehafen
- Hochseeangeln
- Badeort
- Freizeitpark

- Hill Resort
- Berg-/Wanderhütte
- Wandergebiet
- Aussichtspunkt
- Bergbahn
- Freizeitbad
- Schiffswrack

Zusätzliche Piktogramme für das Register
- Ort/Stadt
- Hauptstadt
- Provinz
- Provinzhauptstadt

Berühmte Reiserouten

🚗 Autoroute
🚆 Bahnstrecke
🚢 Schiffsroute

Herausragende Naturlandschaften und Naturmonumente

UNESCO-Weltnaturerbe
Gebirgslandschaft
Schlucht/Canyon
Höhle

Gletscher
Flusslandschaft
Wasserfall/Stromschnelle
Seenlandschaft

Nationalpark (Fauna)
Nationalpark (Flora)
Nationalpark (Kultur)
Nationalpark (Landschaft)

Küstenlandschaft
Insel
Strand
Whale watching

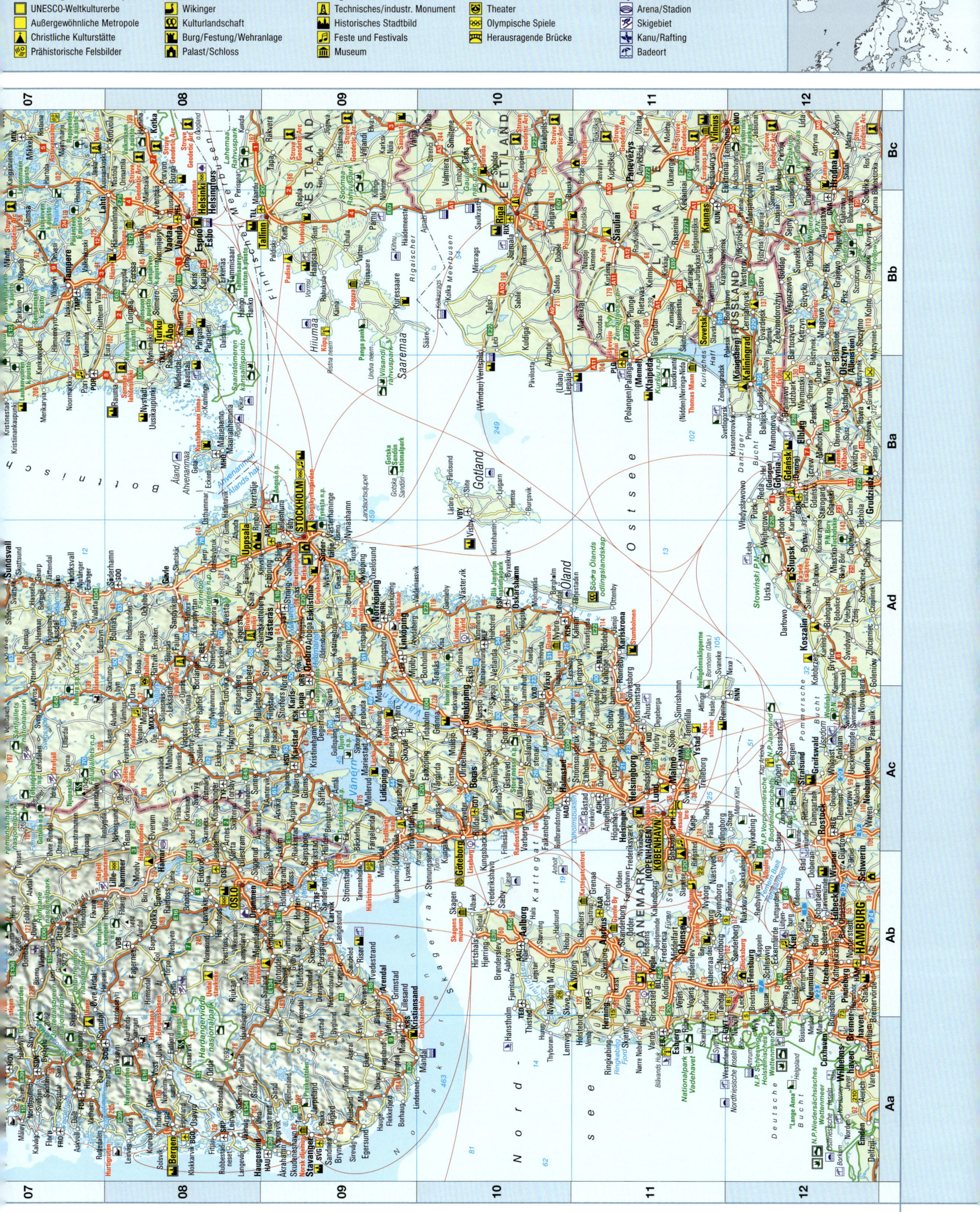

Herausragende Metropolen, Kulturmonumente und -veranstaltungen

					Sport- und Freizeitziele
UNESCO-Weltkulturerbe	Wikinger	Technisches/industr. Monument	Theater		Arena/Stadion
Außergewöhnliche Metropole	Kulturlandschaft	Historisches Stadtbild	Olympische Spiele		Skigebiet
Christliche Kulturstätte	Burg/Festung/Wehranlage	Festes und Festivals	Herausragende Brücke		Kanu/Rafting
Prähistorische Felsbilder	Palast/Schloss	Museum			Badeort

Maßstab 1:950 000

Berühmte Reiserouten
Autoroute
Bahnstrecke
Schiffsroute

UNESCO-Weltnaturerbe
Schlucht/Canyon
Höhle
Gletscher

Herausragende Naturlandschaften und Naturmonumente
Flusslandschaft
Wasserfall/Stromschnelle
Nationalpark (Flora)
Naturpark

Küstenlandschaft
Strand
Wildreservat

0   10   20 Kilometer

Norwegische See

Nordkapp

Magerøya

Honningsvåg

Porsangerhalvøya

HAMMERFEST

Kvaløya

Sørøya

Seiland

Stjernøya

ALTA

Finnmarksvidda

Kárášjohka
Karasjok

Reisa nasjonalpark

Herausragende Metropolen, Kulturmonumente und -veranstaltungen

- UNESCO-Weltkulturerbe
- Vor- und Frühgeschichte
- Christliche Kulturstätte
- Prähistorische Felsbilder
- Burg/Festung/Wehranlage
- Historisches Stadtbild
- Museum
- Denkmal
- Sehenswerter Leuchtturm
- Freilichtmuseum
- Informationszentrum
- Bergwerk (aufgelassen)
- Sehenswerter Turm

Sport- und Freizeitziele
- Hochseeangeln
- Schiffswrack

B a r e n t s s e e

Nordkinnhalvøya

Varangerhalvøya

Vardø
Vardøhus festning

Varangerfjorden

Kirkenes

Zapoljarnyj

Nikel

Inarijärvi
Änarjävri

Herausragende Metropolen, Kulturmonumente und -veranstaltungen

- UNESCO-Weltkulturerbe
- Vor- und Frühgeschichte
- Christliche Kulturstätte
- Prähistorische Felsbilder
- Technisches/industr. Monument
- Historisches Stadtbild
- Museum
- Denkmal
- Sehenswerter Leuchtturm
- Freilichtmuseum
- Informationszentrum
- Bergwerk (aufgelassen)

Sport- und Freizeitziele

- Hochseeangeln
- Bergbahn
- Schiffswrack

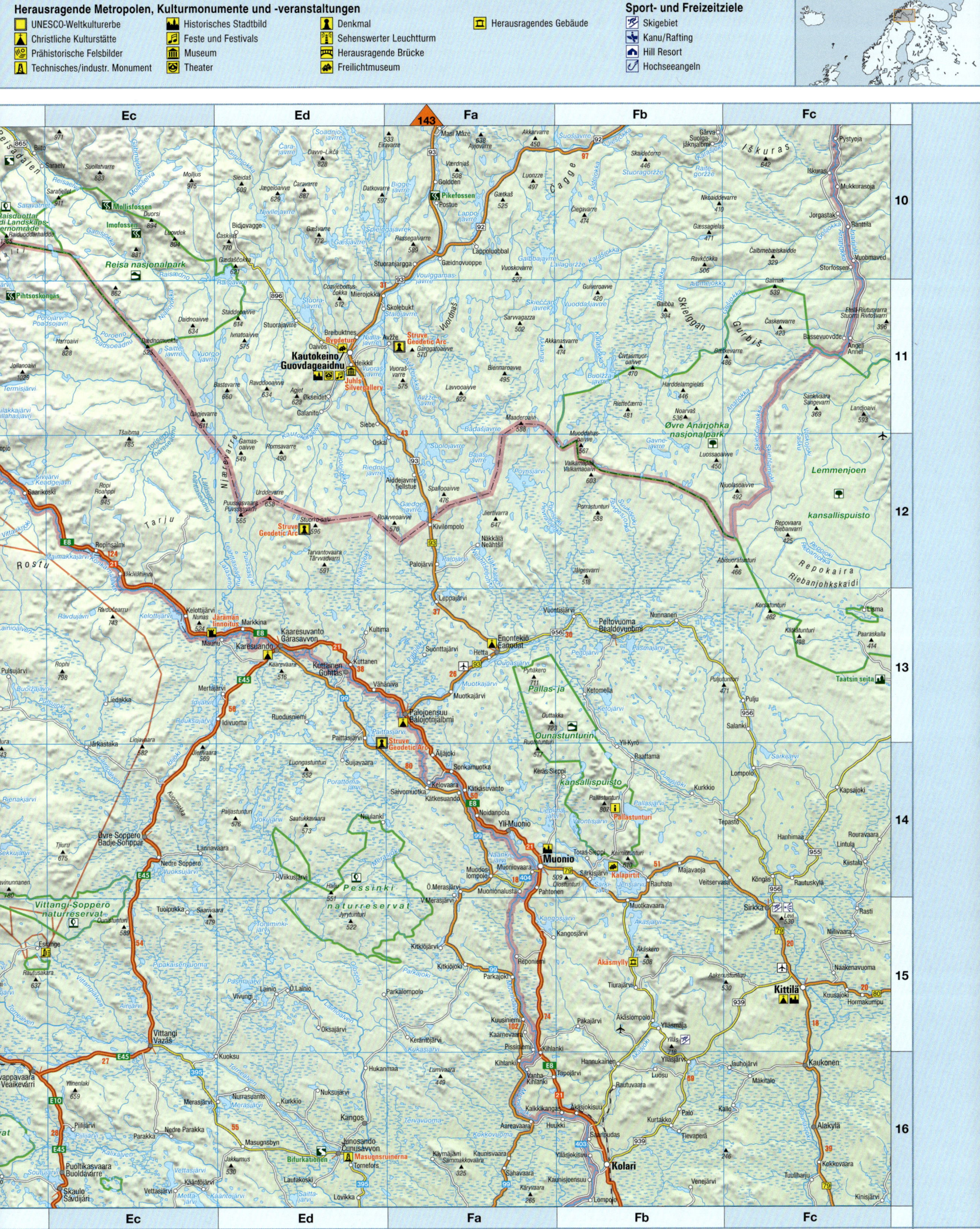

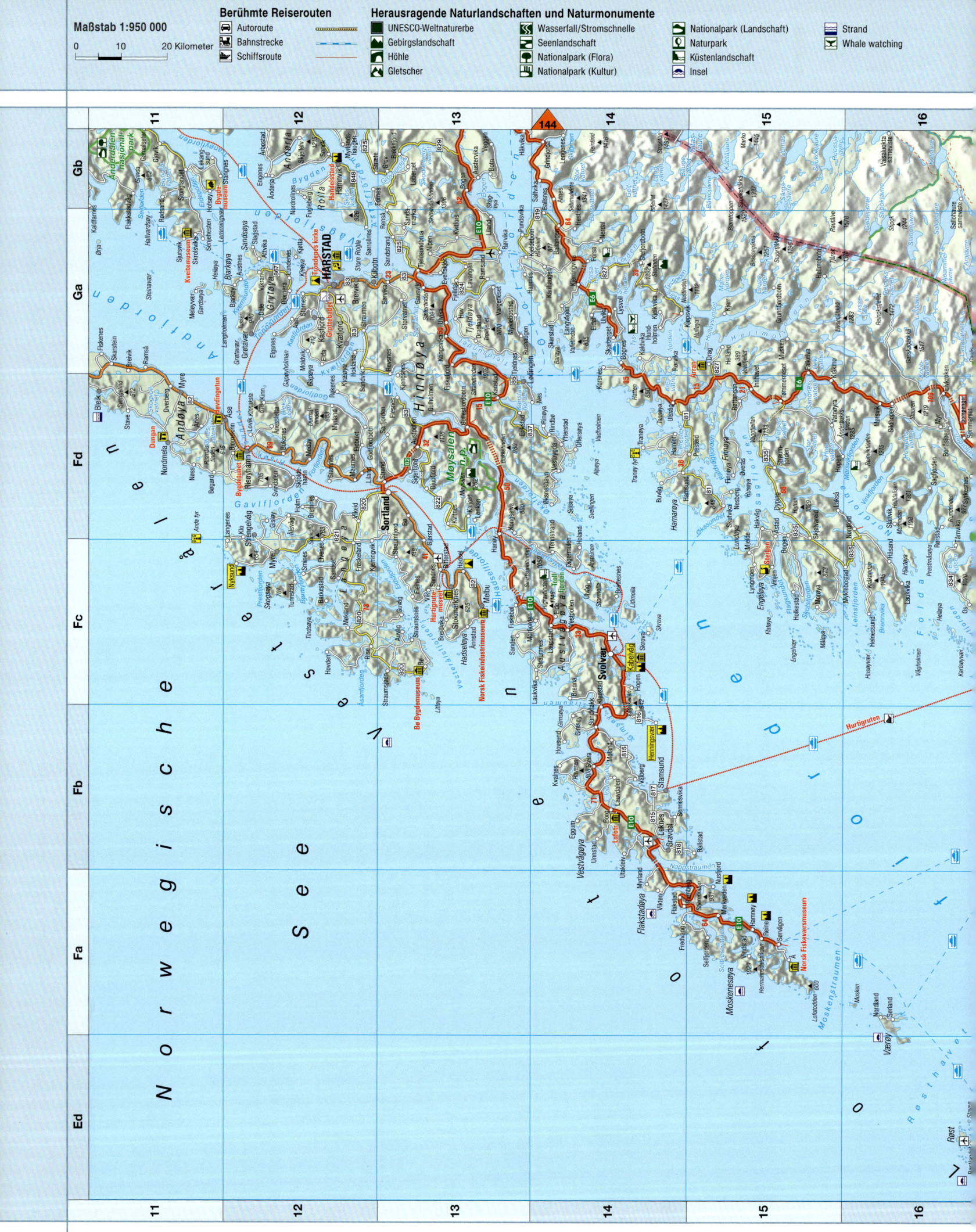

Maßstab 1:950 000

0   10   20 Kilometer

Berühmte Reiserouten

Autoroute
Bahnstrecke
Schiffsroute

Herausragende Naturlandschaften und Naturmonumente

UNESCO-Weltnaturerbe
Gebirgslandschaft
Höhle
Gletscher

Wasserfall/Stromschnelle
Seenlandschaft
Nationalpark (Flora)
Nationalpark (Kultur)

Nationalpark (Landschaft)
Naturpark
Küstenlandschaft
Insel

Strand
Whale watching

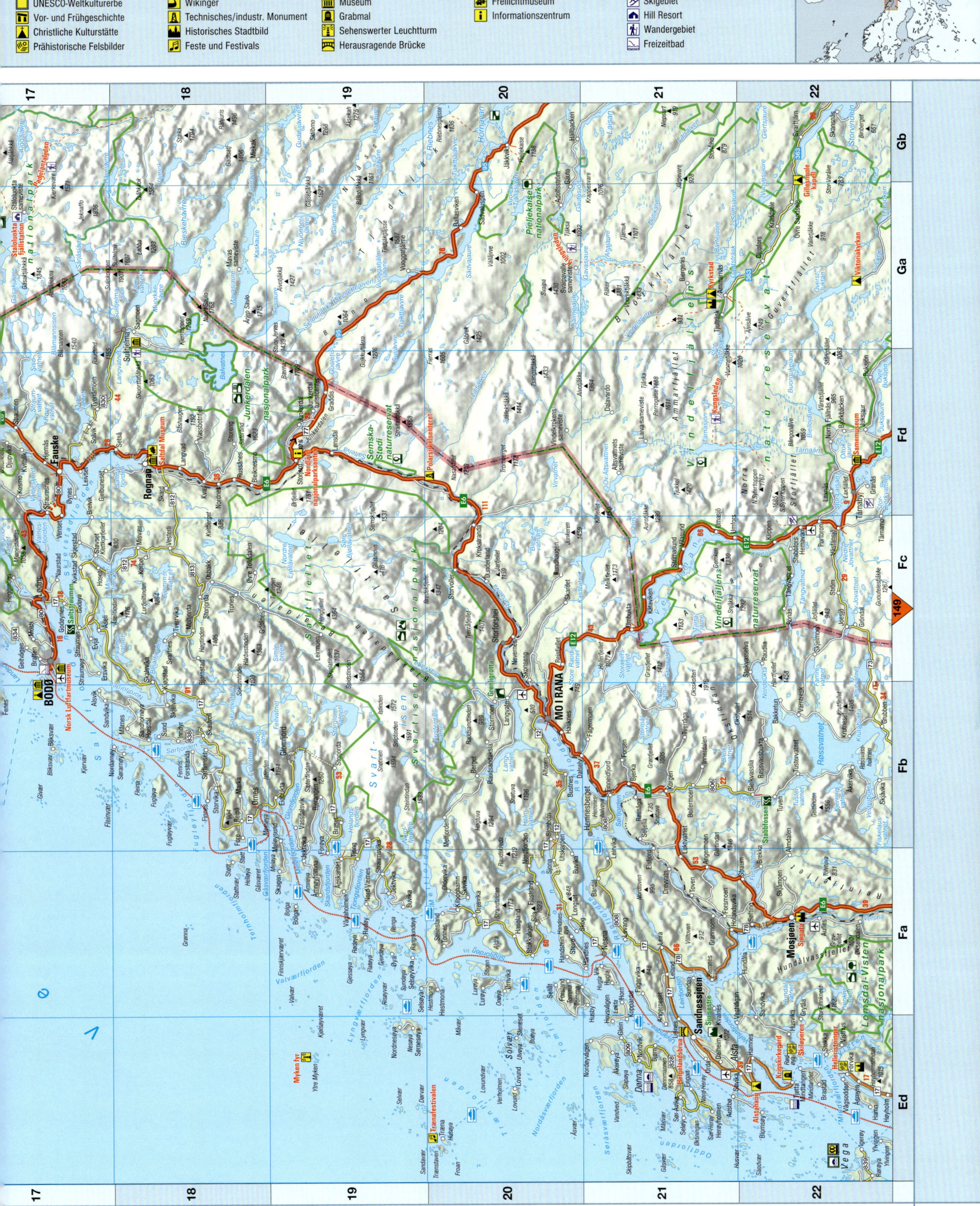

UNESCO-Weltkulturerbe
Wikinger
Museum
Freilichtmuseum
Skigebiet

Vor- und Frühgeschichte
Technisches/industr. Monument
Grabmal
Informationszentrum
Hill Resort

Christliche Kulturstätte
Historisches Stadtbild
Sehenswerter Leuchtturm
Wandergebiet

Prähistorische Felsbilder
Feste und Festivals
Herausragende Brücke
Freizeitbad

Maßstab 1:950 000

Berühmte Reiserouten

Herausragende Naturlandschaften und Naturmonumente

Autoroute
Bahnstrecke
Schiffsroute

UNESCO-Weltnaturerbe
Schlucht/Canyon
Höhle
Wasserfall/Stromschnelle

Nationalpark (Fauna)
Nationalpark (Flora)
Nationalpark (Landschaft)
Naturpark

Küstenlandschaft

0   10   20 Kilometer

| | Db | Dc | Dd | Ea | Eb |

23

24

N o r w e g i s c h e

S e e

25

Skinna

Hortvæ

Solsemho

Raudøya   Kvaløya   Steinån

Hummelværet   Borgan Borgan

Frähólmen   Valøy Austafjord Drag   Lauvøya Elvåsen Gjerdinga

770   Ladding Inner- Vikna

Ytter- Mellom- Vikna   Rørvik

Nordøyan   Bondøyan   Brønøy-fjorden   769   Strandvika

Sørøyan   Grinna fyr   Nærøy Arnøya Smines

Sørgjæslingan   Storøya Steine Smines

Abelvær   768 769

Fosnes

26

Bjørøyværet   Høy   Salsnes

Værøy Bjarøya   Utvorda   Aglen Faksdal 84 Myrvika

Nord-Flatanger Sitter   Arnes Skorstad   Hames 769 Ramsvika

Kvaløysætra 766 Lauvsnes   Vik Fjell   Høddøya bompenger Rauvika Dåsen

Buholmråsa fyr   Bele Hästad   Hemnafjellet   Tøtdal 685 Namsos bompenger

Beitstadfjellet 766 Selnes 17

Vingsund   Jøssund 611   Klinga Bangsund

27

Storhela 529   Aunet Finnfjellet 548   Åsnes 41 Reitan

Halten fyr   Hepsøya   Osen   Stein   Bjøravasshøla 498   Sjøåsen Buvarp

Ytterøyværet   Mosvfiken   Storvika   Blåhøa 500   Kvennland Dorås Namdalseim

Andsteinen Gimsan   Værøya   Sumstad Hofstad   Roan   46 715 Tøtring 17

Oddan   Kunna   Almenningen Brandsøya   Kiran Nordskjøn   540   Finnvollhøa 675 Aimlia

Froan   Froan   Hosnøyan   Harbak   675 Hellbjørkhei 15

Sarburøya   Svenningsneset   Harsvika   Lonin   Storhøa 575 Måmyra 59

Gjæsingen Risøyan   Tørvik   Stokksund Sela Follaelg Beistad

28

Tromsa   Melsteinen   Linesøya   Storfiellet 650   Sandsetra Follafoss 720   Hammar 7 Bardalfeltet

Skogsøya Linesfjorden   Almlia Breidvik   Steinkjer

Sula fyr Mausund   Tristeinen   Asen   By   Eid   723   Storfjellvatnet Vestvik Kjerknesvåg   Mare 20

Tarva Værøt   Vasøya   Vorpbukta   Morvollen   Skjelstad   Norem 755 Sakshaug   E6

Svinla   Langstranda Lauvøy   Tiftrem   22 Mørrianet   Ormsunddalen   Vangshvis   Straumen

Helgesvikan   Sørvik   Lysøysundet   710 Vallersund   721   Verrabotn 720   Sartersøen 502 Yterøy Verdalsøra

Gurviksdalen   Oksvoll   Konparen 183   Gjelga 710 Varghiet Rødsjen   Berget   Grønland   Mosvik   Vika Røra

29

Sletringen fyr   714 Uttian   Kjeungskjær fyr   Botngård   Rakvågen   Malen   Olsøy   Leksvik   Aunet Tronvik   Ytterøy Levanger

Titran   Fillingsnes   Hammarvika   Ulvøya Selvåg   Austrått   Austrått Selnes   Myran   Skogn Alstadhaug

Valvåg Dolmøya   Eid   Neksa   Storfosna   Brekstad   Härberg   Bukta   Kråkmo 755   Ekne 54 Holtås gard

Buray   Helgebostadøya Gryta   Ansøya   Fjellværøya   Garten Valset   Hysnes   Kjerringklumpen Asen   Frosta 753   E6

Dyrnes   Hitra   Filljani   Tranvikan   Munken Tinden Nord- Leksa   Ridsa 59   502   Vanvikan   Tautra   E6 Skogn

Haugjegla fyr   Kvenvær   Utset   Ingdalen 710   Reins kloster   757 Reberg   715 Flaktårnet Risvollen

Veidholmen   Anderskog Gryta   Sør-Leksa   Astan   Lensvik   Eventyvik   Steinvikholm statt   E6 Molna

Hopen   Forsnes Nordvika   Bysting 710   Sandstad   Selbekken   Rørvik 715 Brekken Okkelberg   920

659 669   Laksvåg Hamna Mølnes   Mjønes   Rastøya Gjøgstad   Ygangen 54   Strindfjorden   Stjørdal 752 Moen

Smøla   Berøy Ramsøy   Vågan   Kvernstad   Trondheimsleia   Flakkfjorden Velvang Flakk

| | Db | Dc | **Dd** 151 | Ea | Eb |

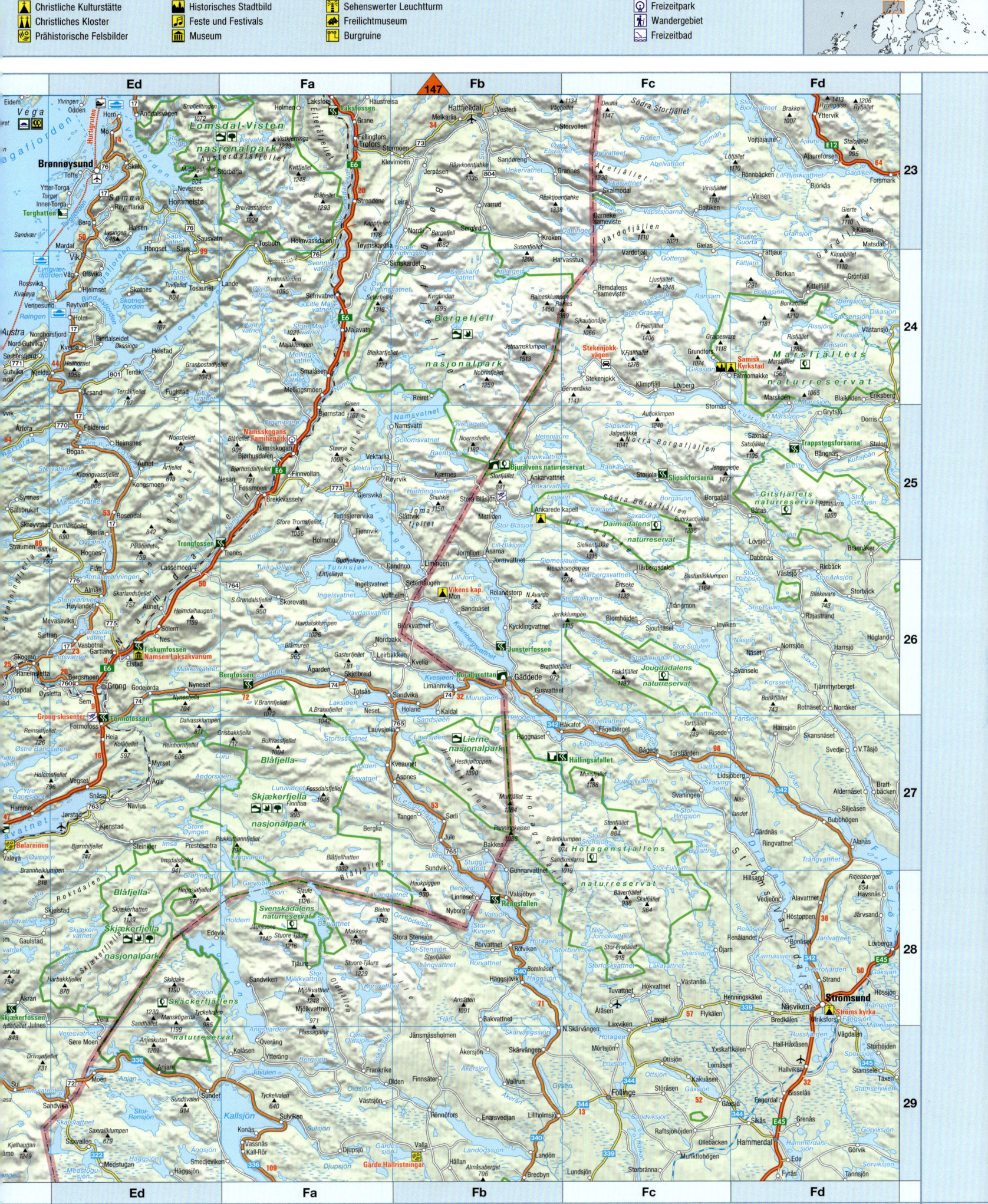

Herausragende Metropolen, Kulturmonumente und -veranstaltungen

- UNESCO-Weltkulturerbe
- Christliche Kulturstätte
- Christliches Kloster
- Prähistorische Felsbilder
- Burg/Festung/Wehranlage
- Historisches Stadtbild
- Feste und Festivals
- Museum
- Theater
- Sehenswerter Leuchtturm
- Freilichtmuseum
- Burgruine

Sport- und Freizeitziele

- Skigebiet
- Freizeitpark
- Wandergebiet
- Freizeitbad

Berühmte Reiserouten
- Autoroute
- Bahnstrecke
- Schiffsroute

Herausragende Naturlandschaften und Naturmonumente
- UNESCO-Weltnaturerbe
- Gebirgslandschaft
- Schlucht/Canyon
- Gletscher
- Flusslandschaft
- Wasserfall/Stromschnelle
- Nationalpark (Fauna)
- Nationalpark (Flora)
- Nationalpark (Landschaft)
- Küstenlandschaft
- Strand
- Unterwasserreservat
- Wildreservat

Norwegische

See

152

Herausragende Metropolen, Kulturmonumente und -veranstaltungen

- UNESCO-Weltkulturerbe
- Christliche Kulturstätte
- Christliches Kloster
- Prähistorische Felsbilder
- Wikinger
- Burg/Festung/Wehranlage
- Historisches Stadtbild
- Feste und Festivals
- Museum
- Sehenswerter Leuchtturm
- Freilichtmuseum
- Informationszentrum
- Burgruine

Sport- und Freizeitziele

- Skigebiet
- Tauchen
- Kanu/Rafting
- Seehafen

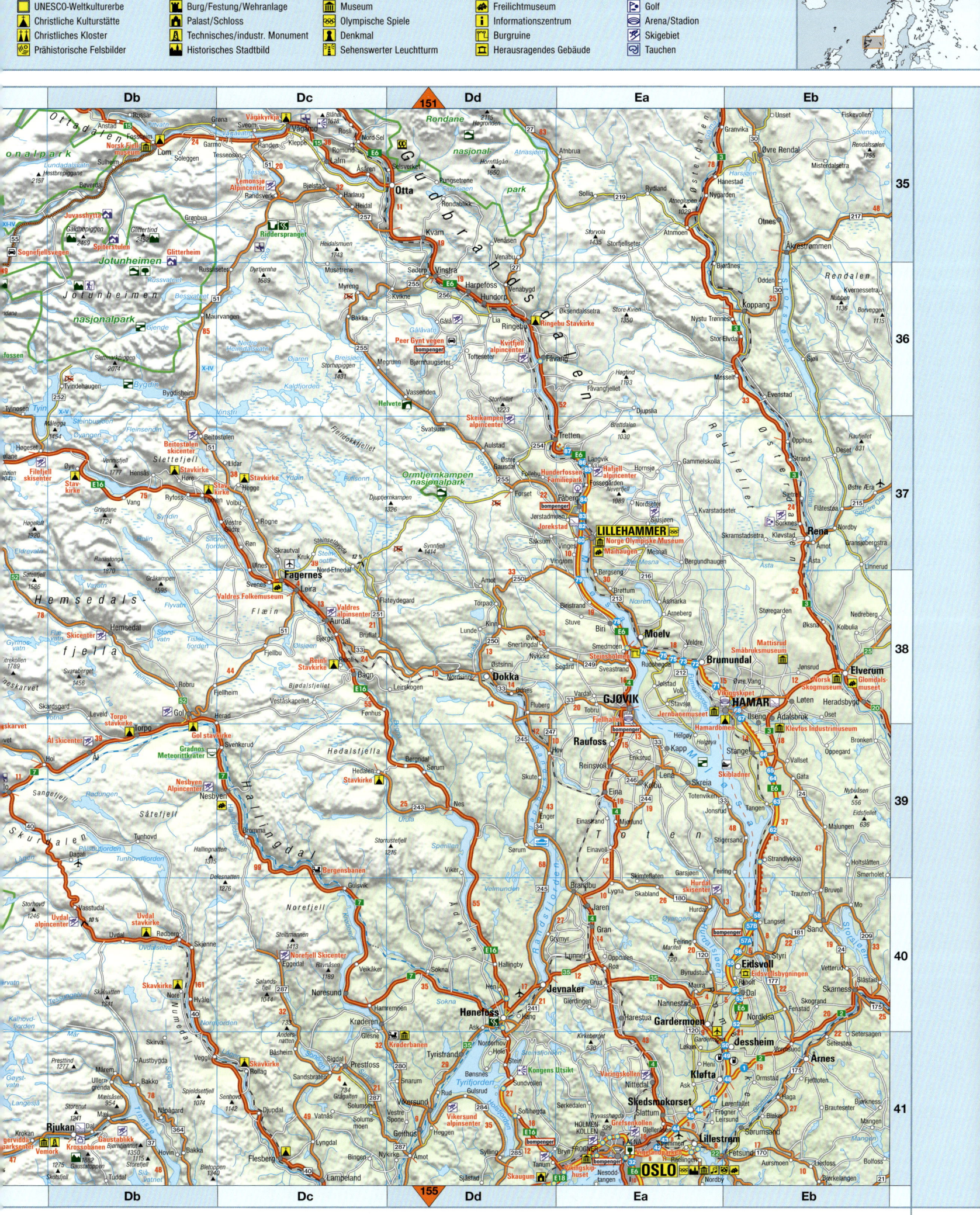

UNESCO-Weltkulturerbe

Christliche Kulturstätte

Christliches Kloster

Prähistorische Felsbilder

Burg/Festung/Wehranlage

Palast/Schloss

Technisches/industr. Monument

Historisches Stadtbild

Museum

Olympische Spiele

Denkmal

Sehenswerter Leuchtturm

Freilichtmuseum

Informationszentrum

Burgruine

Herausragendes Gebäude

Golf

Arena/Stadion

Skigebiet

Tauchen

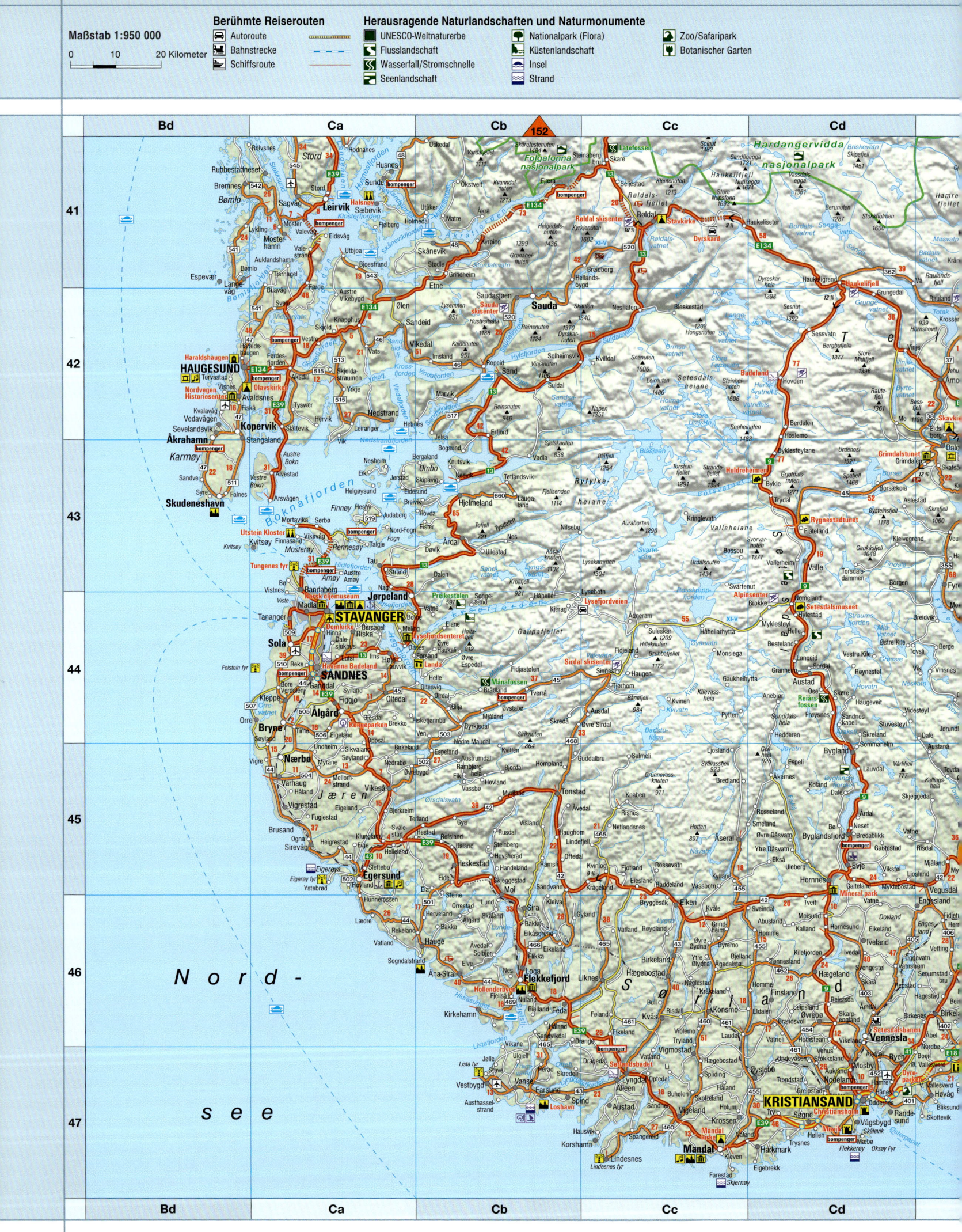

Berühmte Reiserouten

Autoroute
Bahnstrecke
Schiffsroute

Herausragende Naturlandschaften und Naturmonumente

UNESCO-Weltnaturerbe
Flusslandschaft
Wasserfall/Stromschnelle
Seenlandschaft

Nationalpark (Flora)
Küstenlandschaft
Insel
Strand

Zoo/Safaripark
Botanischer Garten

0   10   20 Kilometer

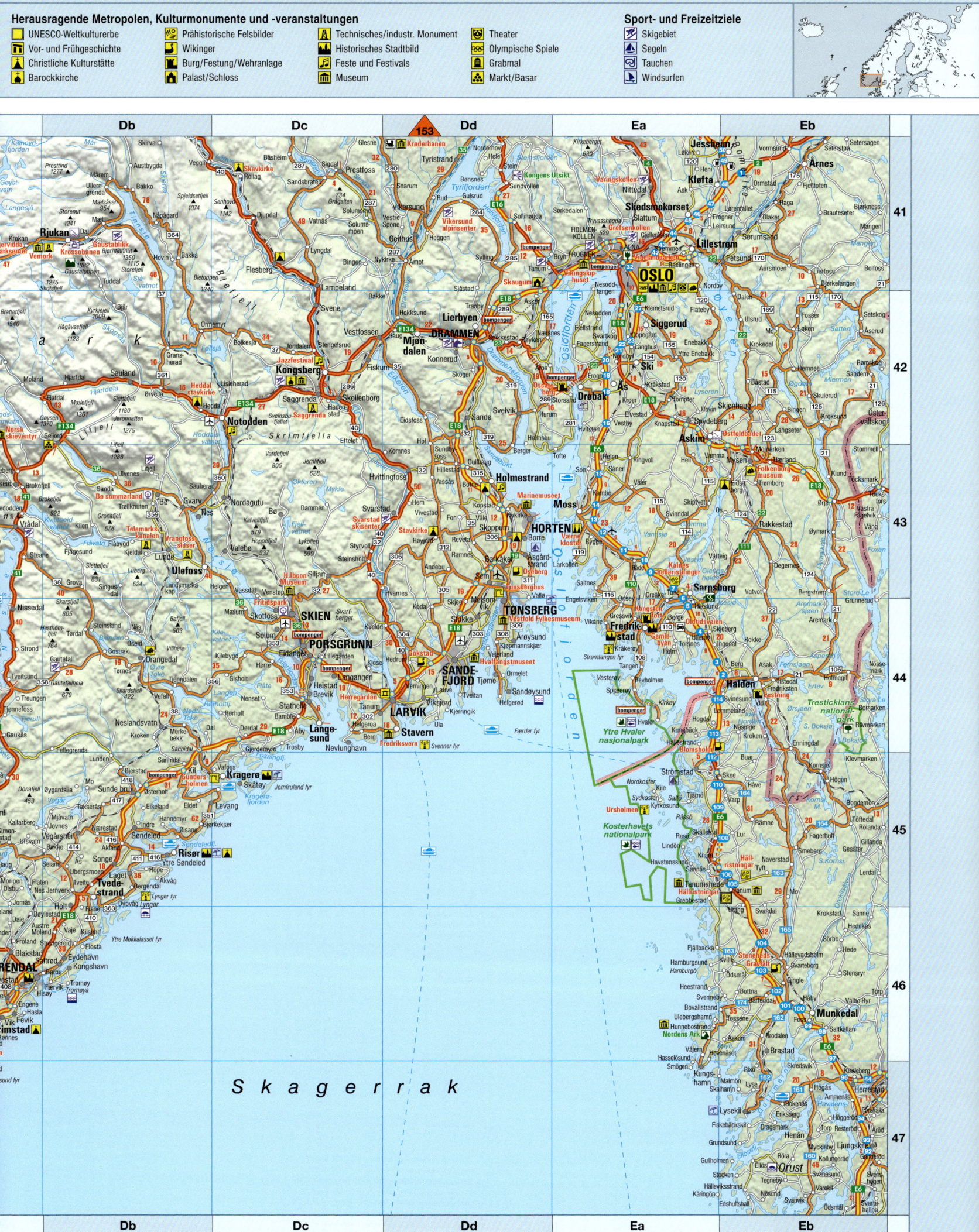

Herausragende Metropolen, Kulturmonumente und -veranstaltungen

- UNESCO-Weltkulturerbe
- Vor- und Frühgeschichte
- Christliche Kulturstätte
- Barockkirche
- Prähistorische Felsbilder
- Wikinger
- Burg/Festung/Wehranlage
- Palast/Schloss
- Technisches/industr. Monument
- Historisches Stadtbild
- Feste und Festivals
- Museum
- Theater
- Olympische Spiele
- Grabmal
- Markt/Basar

Sport- und Freizeitziele

- Skigebiet
- Segeln
- Tauchen
- Windsurfen

Die Registereinträge beziehen sich auf den Bildteil und auf die Karten. Nach dem Stichwort folgt, entsprechend dem Karteneintrag, ein Piktogramm (Erklärung Seite 137), das auf die Art der Sehenswürdigkeit verweist. Seitenzahl und Suchfeldangabe für den Kartenteil sind fett gedruckt. Danach folgt die Seitenzahl für den Bildteil, und zuletzt werden Internet-Adressen angegeben, die einen raschen Zugriff auf weitere aktuelle Informationen über die in diesem Werk beschriebenen Orte und Sehenswürdigkeiten ermöglichen. Die meisten Einträge auf den Bildseiten sind auch im Karteneil zu finden, der darüber hinaus eine Fülle weiterer touristischer Hinweise bietet.

Von links nach rechts: Ålesund (Jugendstilstadt am Ausgang des Storfjords), Hardangervidda (größte Gebirgshochebene Nordeuropas), Jostedalsbreen (größter Gletscher Festlandeuropas), Laerdaltunnel (längster Straßentunnel der Erde).

Von links nach rechts: Thor Heyerdahls Pypyrusboot »Ra«, Trondheim (drittgrößte Stadt Norwegens nach Oslo und Bergen), Inselstadt Tromsø, Mittsommernacht auf der Lofotinsel Værøy, Røros (UNESCO-Weltkulturerbe), Spitzbergen.

Bildnachweis

Abkürzungen:

A = Alamy
BP = Bernhard Polmann
C = Corbis
ES = Erich Spiegelhalter
GG = Günther Gräfenhain
H = Bildagentur Huber
HLF = Helga Lade Fotoagentur
L = Laif
MRH = M. und R. Hamberger
PM = Peter Mertz
RH = Reiner Harscher
SK= Martin Schulte-Kellinghaus

Cover:
Kleine Bilder von links nach rechts:
C/Douglas Pearson; C/ Marco Cristofori;
Getty/sodapix
Großes Bild: C

Inhalt:
Von oben links nach unten rechts:
2/3 L/Galli; 4/5 C/Gavin Hellier; 6/7 Premium/Sittig; 7.1 ES, 7.2 L/RH, 7.3 SK, 7.4 SK, 7.5 Fan/Achterberg, 7.6 L/Galli, 7.7 C/Strand, 7.8 L/Linkel; 8 ES, 8/9 ES; 10 ol RH, 10 om L/RH, 10 or RH, 10 m H, 10 u H/Damm, 10/11 C/Doug Pearson; 12 ol SK, 12 om SK, 12 or SK, 12/13 H/Damm; 14 o H/Pinn, 14/15 H, 15 C/Doug Pearson; 16 ol G/Doug Pearson; 16-17 ES; 18 ol Transit/Haertrich, 18 om C/Arthus-Bertrand, 18 or Transit/Haertrich, 18/19 MRH; 20 o Corbis/Arthus-Bertrand, 20/21 H/GG; 22 ol L/RH, 22 om MRH, 22 or L/RH, 22/23 L/Galli, 23 o MRH, 23 m MRH, 23 u L/Heuer; 24 ol L/Modrow, 24 or L/Modrow, 24 l.1 C/Souders, 24 l.2 C/Souders, 24 ro L/Bialobrzeski, 24 ru RH, 25 lo L/Heuer, 25 lm L/Heeb, 25 lu C/Nowitz, 25 r H/GG; 26 ol L/Modrow, 26 om L/Modrow, 26 or L/Heuer, 26 l.1 Fan/Lubenow, 26 l.2 L/Heuer, 26 l.3 L/Galli, 26 l.4 RH, 26 l.5 H/GG, 26/27 L/Linkel; 28 ol H/GG, 28 linke Bildreihe oben: G/Elosoenpersona Photo; 28 linke Bildreihe unten: C/Doug Pearson; 28-29 ES; 30 o ES, 30/31 C/Redondo, 31 C/Kim Walker; 32 o L/Heuer, 32/33 Klammet; 34 or C/Doug Pearson; 35 linke Bildreihe oben: C/Peter Adams; 34-35 ES; 36 ol RH, 36 om L/Arcticphoto, 36 or RH, 36/37 H; 38 o L/Kuerschner, 38/39 RH, 39 ES; 40 H/GG, 40/41 L/RH; 42 o PM, 42 m H/GG, 42/43 H/Zachold; 44 o.1 ES, 44 o.2 MRH, 44 o.3 ES, 44 o.4 SK, 44/45 C/Doug Pearson, 45 H/GG; 46 ol SK, 46 om MRH, 46 or SK, 46.1-3 ES, 46.4 C/Lisle, 47 lo C/Lisle, 47 lu C/Lisle, 47 ro C/Vikander, 47 rm C/Lisle, 47 ru C/Krist; 48 ol SK, 48 om L/Falke, 48 or L/Modrow, 48/49 Premium; 50 ol C/Lampen, 50 om C/Herman, 50 or C, 50/51 C/Pelletier, 51 C/Lisle; 52 ol MRH, 52 om Fan/Kreder, 52 or MRH, 52/53 SK; 54 ol C, 54 om C, 54 o C, 54/55 Arco Images/Erichsen, 55 C/Graham; 56 ol Schapowalow/Huber, 56 om Schapowalow/Huber, 56 or LOOK/Hoffmann, 56 ml SK, 56 mm SK, 56 mr SK, 56/57 SK; 58 o L/Kuerschner, 58 or H/Zachold; 58 u PM, 58/59 PM; 60 ol BP, 60 om BP, 60 or BP, 60/61 A/Andy Sutton; 62 ol BP, 62 om BP, 62 or BP, 62 u PM, 62/63 PM; 64 Fan/Achterberg, 64/65 SK; 66 o L/RH, 66/67 H/GG, 67-69 Fan/Achterberg; 70 o.1 C, 70 o.2 C/Vandamm, 70 o.3 C/Horst, 70 o.4 C, 70/71 Agentur Focus/Morus; 72 ol RH, 72 or L/RH, 72/73 ES; 74-75 L/REA; 76 ES, 76/77 SK; 78 o Wildlife, 78/79 L/Modrow, 79 Look/Greune; 80-81 H/GG; 82-83 ES; 84 ol SK, 84 om SK, 84 or SK, 84 m L/Heuer, 84/85 Getty/Hermansen; 86 ol PM, 86 or PM, 86/87 A/Rein Tafenau; 88 ol C/Honal, 88 om C/Honal, 88 or C/Honal, 88.1 Arco Images/Erichsen, 88.2 Arco Images/Wernicke, 88.3 Blickwinkel/Woike, 88.4 Wildlife/Hamblin, 88.5 Wildlife/Hamblin, 88/89 C/Radius Images, 89.1 Blickwinkel/Cairns, 89.2 L/Arcticphoto, 89.3 Blickwinkel/Cairns, 89.4 Arco Images/Erichsen; 90 ES, 90/91 C/Gavin Hellier; 92 ol L/Gebhard, 92 om L/Gebhard, 92 or L/Gebhard, 92/93 L/RH, 93.1 L/Gebhard, 93.2 L/RH, 93.3 SK, 93.4 ES; 94 ol L/RH, 94 or L/Modrow, 94 u ifa/Aberham, 94/95 L/RH; 96-97 L/Gebhard; 98 ol Blickwinkel/Fotohannes, 98 om L/Galli, 98 or L/RH, 98/99 L/Galli; 100 ol PM, 100 or PM, 100/101 Getty/Johner; 102 ol L/RH, 102 or PM, 102/103 ES, 103 ES; 104 o C/Guttmann, 104/105 L/Delance; 106 ol L/Modrow, 106 or BP, 106/107 L/Modrow; 108 L/Modrow, 108/109 L/Galli; 110-111 L/Heeb; 112 ol L/Gebhard, 112 om Look/Hoffmann, 112 or L/Arcticphoto, 112 ml Look/Hoffmann, 112/113 L/Arcticphoto; 114 L/Linkel, 114/115 L/Linkel; 116-117 L/Arcticphoto; 118 ol L/Modrow, 118 om SK, 118 or SK, 118/119 L/Modrow; 120 ol L/Linkel, 120 om L/Linkel, 120 or L/Modrow, 120/121 L/Heeb; 122-123 L/Heuer; 124 ol L/Gebhard, 124 or L/Modrow, 124/125 gettyimages/Hans Strand; 126 o.1 Arco Images/Delpho, 126 o.2 Wildlife/Hamblin, 126 o.3 Wildlife/Hamblin, 126 o.4 Arco Images/ Huetter, 126.1 L/Kuerschner, 126.2 ES, 126.3 L/Kuerschner, 126.4 HLF/Nowak, 126.5 L/Kuerschner, 126.6 HLF/Kellinghaus, 127 lo Okapia/Wellmann, 127 lm Okapia/Wellmann, 127 lu HLF/Nowak, 127 r HLF/Nowak; 128 C/Strand, 128/129 C/Strand; 130 Okapia/Wildlife/Vezo, 130 o Okapia, 131 l Arco Images/Poelking, 131 r Blickwinkel/Poelking; 132 o C/Houser/PostHouserstock, 132 u C/Rose, 132/133 L/Heeb; 134/135 L/Linkel; 136/137 SK
Der Verlag ist bemüht, alle Bildrechteinhaber ausfindig zu machen. In Ausnahmefällen muss die Recherche ohne Erfolg beendet werden. Betroffene Rechteinhaber werden gebeten, sich mit dem Verlag in Verbindung zu setzen.

Impressum

© 2015 Kunth Verlag GmbH & Co KG, München
Königinstraße 11
80539 München
Telefon +49.89.45 80 20-0
Fax +49.89.45 80 20-21
www.kunth-verlag.de

© Kartografie: Kunth Verlag GmbH & Co KG, München
Genehmigte Sonderausgabe für GeoCenter, 70565 Stuttgart

Text: Bernhard Pollmann

Printed in Slovakia

Alle Fakten wurden nach bestem Wissen und Gewissen mit der größtmöglichen Sorgfalt recherchiert. Redaktion und Verlag können jedoch für die absolute Richtigkeit und Vollständigkeit der Angaben keine Gewähr leisten. Der Verlag ist für alle Hinweise und Verbesserungsvorschläge jederzeit dankbar.